탄소가격제

이동규

17

도서출판 해남

민소가격제

초판1쇄 인쇄 2025년 1월 2일
초판1쇄 발행 2025년 1월 9일

저 자 이동규
발행인 노현철
발행처 도서출판 해남

출판등록 1995. 5. 10 제 1-1885호
주 소 서울특별시 마포구 마포대로8길 9 영명빌딩 405호
전 화 739-4822
팩 스 720-4823
이 메 일 haenamin30@naver.com
홈페이지 www.hpub.co.kr

ISBN 978-89-6238-817-6 93320

이 저서는 2021년 대한민국 교육부와 한국학중앙연구원(한국학진흥사업단)을 통해 K학술확산 연구소사업의 지원을 받아 수행된 연구임(AKS-2021-KDA-1250002).

머리말

요즘 기후변화는 단지 환경 분야에 국한되어 논의되는 것이 아니라 사회·경제·정치 등 다양한 분야에 상당한 영향을 미치는 이슈가 되었습니다. 기후변화에 대응하기 위해 국제사회는 지금까지 우리가 당연한 듯이 사용해 오던 화석연료를 포기할 것을 요구하고 있습니다. 그렇지만 문제는 화석연료를 포기하는 데 따른 기회비용이 국가별로 상당히 차이가 있다는 점입니다. 각국의 경제·기술 수준과 정책 여건이 다르며, 가용한 자원의 수준도 다릅니다. 모두가 탄소중립을 외치면서도 자국의 감축 속도와 전략에 대해 동상이몽인 것은 바로 이 때문입니다. 기후변화에 대한 대응은 국제사회 공동의 책무지만 어떻게 대응하느냐에 대한 논의 앞에서는 나라마다 철저히 국익을 우선하는 것이 현실입니다.

탄소가격제는 직접 규제에 비해 동일한 저감 목

표를 달성하는 데 비용을 최소화할 수 있다는 점에서 세계 각국에서 눈여겨보고 있는 정책입니다. 이미 여러 국가에서 탄소가격제를 도입하고 있으며, 그 활용도 점차 확대되고 있습니다. 한국도 아시아에서는 최초로 탄소가격제 중 하나인 온실가스 배출권거래제를 시행하고 있습니다. 그렇지만 제도가 도입된 지 10년이 지난 현재까지 제도가 안착되었다고 하기에는 당면과제가 많은 상황입니다. 많은 사람들이 배출권거래제라는 명칭은 들어봤어도 그 내용까지 알고 있지는 못합니다. 그만큼 탄소가격제가 일상생활에 밀접하게 와닿지 못하고 있는 실정입니다. 이러한 시기에 일반 시민들이 탄소가격제의 핵심적인 사항을 이해하고 기후변화와 관련된 정책 대응에도 관심을 가질 수 있도록 이 책이 조금이라도 도움이 되기를 바랍니다.

탄소가격제는, '사람들의 행태가 경제적 유인에 기초하며, 시장의 원리가 적절히 활용되면 온실가스 감축을 보다 효율적으로 달성할 것'이라는 경제학 이론을 기반으로 하고 있습니다. 그러다 보니 형평성을 높이는 것보다는 효율성을 높이는 데 정책 목표가 우선됩니다. 이러한 정책 특성을 감안하고

이 책을 보면 여기에서 말하는 내용을 이해하기에 한결 수월하지 않을까 생각합니다.

마지막으로 이 책이 출판되기까지 지원해 주신 서울대학교 한국경제와 K학술확산 연구센터와 저술을 제안하고 최종원고가 나오기까지 인내심 있게 기다려 주신 서울대학교 경제학부 조영준 교수님께 고마운 마음을 전하고 싶습니다. 더불어 원고를 작성하는 과정에서 완성도를 높이는 데 유익한 의견을 아낌없이 제안해 주신 경희대학교 국제학과 오형나 교수님과 한국개발연구원의 김현석 박사님께도 감사드립니다.

2024. 12

이동규

차례

3 탄소세

4 탄소국경조정제도

들어가며

일반 시민들에게 한국의 가장 심각한 환경 문제에 대해 물어본다면 어떤 이슈들을 떠올릴까? 한국환경연구원에서 2022년에 전국 3,051명의 성인을 대상으로 실시한 「국민환경인식조사」에 따르면, "우리나라가 직면한 가장 중요한 환경 문제"(3개 복수 응답)에 대해 응답자들이 '쓰레기 및 폐기물 처리 문제'(59.2%), '기후변화'(48.2%), '대기오염 및 미세먼지 문제'(44.7%)를 선택하였다(염정윤 외 2023). 특히, '쓰레기 및 폐기물 처리 문제'는 2021년 65.7%에서 하락하였으나 '기후변화는 전년도 39.8%에 비해 크게 상승하였다(염정윤 외 2023). 이러한 설문 결과는 대중에게도 기후변화가 한국 사회의 심각한 환경 문제로 인식되고 있음을 보여 준다.

기후변화는 말 그대로 기후가 변하는 것을 말한다. 보다 엄밀하게 말하면, 기후는 일정한 지역에서 보통 30년 이상의 오랜 기간에 걸쳐 나타나는 날씨의 평균적인 상태를, 기후변화는 통상 10년 이상의 기간 동안 유의한 수준의 기후 평균상태 또는 변동성의 변화를 각각 의미한다(기상청, 기상청 날씨누리 홈페이지). 최근 이슈가 되고 있는 기후변화는 지구의 장기 평균기온이 상승하는 현상을 주목하여 말하고 있다. 기후변화에 관한 정부 간 협의체(Intergovernmental Panel on Climate Change: IPCC)● 에 따르면, 지구 표면온도는 1850~1900년의 기간 대비 2011~2020년의 기간에 1.09℃ 상승한 것으로 분석된다(IPCC 2023). IPCC는 2014년에 발간한 제5차 종합보고서에서 2100년 지구 표면 평균기온이 산업혁명 이전보다 상승하는 폭을 2℃ 미만으로 억제해야 함을 보여 주는 시나리오 결과를 제시하였다(IPCC 2014). 그러나 2018년에는 1.5℃ 특별보고서를 발간하여 기존의 2℃를 넘어서 1.5℃ 이하로 제한해야 함을 2℃ 시나리오와 1.5℃ 시나리오를 비교하며 설명하였다(IPCC 2018). 파리협정(Paris Agreement)에서도 산업혁명 이후 평균기온 상승 폭을 2℃ 아래로 유지하고 최대한 1.5℃ 이하로 제한함을 목표로 하였다.

기후변화에 관한 정부 간 협의체: 세계기상기구(WMO)와 유엔환경계획(UNEP)이 1988년 공동으로 설립한 기구로 기후변화 관련 문제의식을 세계적으로 알리고 국제사회가 대응하도록 촉구하는 등 가장 적극적으로 연구 활동을 펼치고 있다. 2007년에는 이러한 공로를 인정받아 앨 고어(Al Gore)와 함께 노벨평화상을 수상한 바 있다.

반면, 기후변화를 과잉 해석하는 것을 경계하는

시각도 있다. 기후변화는 사람들에 의해 과다하게 배출된 온실가스(Green House Gas: GHG)에 의해서도 나타날 수 있지만 인간의 활동과는 무관한 자연 현상에 의해서도 나타날 수 있다. 이러한 이유에서 지금의 지구온난화 현상은 45억 년 이상의 지구 역사상 단편에 지나지 않을 수 있다. 지금의 시기는 지구 역사로 볼 때 간빙기의 하나이며, 지구의 기온은 계속하여 변화하고 있다. 약 12만 년 전에 있었던 직전 간빙기의 온도는 지금보다 8℃ 더 높았음에도 북극곰이 생존해 있었고, 그린란드도 녹아내리지 않았다(그레고리 라이트스톤 2021: 82). 또한 화산폭발은 통상적으로 지구의 기온을 떨어뜨리는 냉각 효과를 일으키기에 대규모 화산이 폭발할 경우 기후변화가 상쇄될 가능성도 배제할 수 없다. 1815년 인도네시아 탐보라 화산 폭발로 그해에 전 세계 연평균 온도가 5℃ 하강하였고, 1991년 필리핀에서 발생한 피나투보 화산 폭발로 1~3년 동안 지구 평균 기온이 0.2~0.5℃ 하락하였다는 기록이 대표적인 사례라 할 수 있다(국립기상과학원 홈페이지).

그럼에도 불구하고 저자는 기후변화를 단순한 변화가 아닌 위기(crisis)로 인식하는 데에 동의한다.

이는 기후변화로 인한 폭염과 혹한, 홍수와 가뭄 및 폭설, 태풍 등의 극단적인 날씨 현상(extreme weather event)이나 해수면 상승 등 각종 물리적인 위험이 실현될 것이라고 믿기 때문만은 아니다. 이러한 물리적 위험이 현실화될 것이라는 믿음의 유무와는 별개로, 또 다른 위험 요소에 주목하기 때문이다. 기후변화와 관련된 위험은 크게 두 가지로 요약된다. 하나는 앞서 언급한 물리적 위험(physical risk)•이며, 다른 하나는 이행 위험(transition risk)•이다. 이행 위험은 저탄소 경제로의 빠른 이행에 따라 야기될 수 있는 불확실한 재정적인 영향과 관련된다. 여기에는 정책의 변화, 평판의 영향, 기술의 혁신 혹은 한계, 그리고 시장 선호 및 사회적 규범에서의 변화 등이 포함된다(Bolton et al. 2020). 이러한 위험은 우리 사회의 경제를 포함한 다양한 영역에 영향을 미친다.

물리적 위험: 기후변화 자체에 대한 인류 사회의 취약성 때문에 발생하는 위험을 말한다(인소영·박기영 2021: 148).

이행 위험: 저탄소 경제로의 빠른 이행과 관련 정책의 변화, 관련 기술의 혁신 또는 정체, 사회적 규범과 시장 수요의 변화 등이 야기하는 불확실성이 초래하는 충격을 의미한다(인소영·박기영 2021: 148; Bolton et al. 2020).

특히, 한국은 물리적 위험보다는 상대적으로 이행 위험에 상당히 노출되어 있는 것으로 평가받고 있다(인소영·박기영 2021). Germanwatch에서 발표하는 전 세계 기후 위험 지수(Global Climate Risk Index: CRI)에 따르면, 한국은 2000년부터 2019년까지 20

년 평균으로 91위를 기록하여 물리적 위험은 대체로 크지 않은 것으로 평가받고 있다(Eckstein, Künzel, and Schäfer 2021). 그렇지만 한국은 기후변화에 대한 본격적인 대응이 늦었으며, 탄소 배출이 많은 석탄을 주요 에너지원으로 사용하고 있어 저탄소화 과정에서 좌초자산(stranded assets)• 의 문제가 심각할 수 있고, 전 세계적인 탄소국경조정제도의 도입 가능성이 증가하고 있는 등의 이유로 이행 위험은 높은 것으로 평가받는다(인소영·박기영 2021). 이는 한국의 기간산업이 주로 에너지집약도가 높다는 산업적 특성에 기인하는 측면이 크다. 따라서 물리적 위험을 무시하더라도 이행 위험은 한국에 직접적으로 다가오는 리스크이며, 기후변화에 대한 국제사회의 대응이 확대될수록, 그리고 빨라질수록 한국의 이행 위험은 위기의 수준으로 경제적인 파장을 가져올 수 있다. 물론 이행 위험이 기업의 생산성에 무조건 부정적인 영향만 준다고 볼 수는 없다. 이행 위험의 효과는 기업의 대응 전략이나 정부의 규제 및 정책 설계에 따라 긍정적 측면과 부정적 측면이 혼재되어 있기에(정선영·허정 2022: 8) 이행 위험을 어떻게 풀어 가느냐가 매우 중요하다.

좌초자산: 사전적으로는 예상하지 못하였거나, 예상보다 이른 시점에 가치가 크게 떨어지거나 감가상각되는 자산을 의미하며, 기후변화와 관련해서는 저탄소 경제로 이행하면서 채굴되었지만 미사용되는, 혹은 채굴되지 않는 화석연료의 생산, 발전 등 화석연료 문화와 결합된 모든 산업의 자산을 의미한다(인소영·박기영 2021: 149).

기후변화에 대한 전 세계적인 관심이 고조되고 있는 가운데 기후변화 관련 정책에 대한 논의도 점차 가속화되고 있다. 기후변화에 대한 정책은 기본적으로 온실가스 배출을 저감하고 억제하기 위한 수단이다. 정책 수단 중 가장 쉽게 생각할 수 있는 것은 직접 규제(command and control)이다. 즉, 오염물질(온실가스) 배출기준을 정하여 배출원들이 기준치를 초과하여 배출할 경우 벌금, 행정조치, 실형 등의 처벌을 함으로써 기준을 준수하도록 하는 정책이다. 직접 규제는 실행하기 단순하고 직접적으로 강제하여 대부분의 국가에서 가장 많이 사용하는 정책이다. 그렇지만 직접 규제는 경제적 유인이 없고, 주무부처에서 정한 기준에 따라 그 틀대로 이행해야 하다 보니 배출원이 각자의 여건에 맞추어 최적화된 의사결정을 할 수 있는 여지가 매우 제한적이다. 그 결과 배출원들이 탄소 배출을 저감하는 데에 소요되는 비용을 효율적으로 줄이기 어렵다. 지금과 같은 에너지 대전환의 시대에는 대규모의 온실가스를 저감해야 하며, 이에 따라 같은 양을 저감하더라도 비용 효과적으로 감축 활동이 유도될 수 있는 정책을 활용하는 것이 매우 중요하다. 이러한 이유에서 부각되고 있는 정책이 탄소가격제이다. 탄소가격제는 탄소 배출에 금전적인 비용을 지불하게 함으로써 시장에서 시장참여자들이 탄소에 대한 비용을 반영하여 의사결정을 하도록 유도하는 정책을 말한다. 대표적인 것으로 배출권거래제(Emission Trading Scheme: ETS)[●], 탄소세 등을 들 수 있다.

이 책에서는 기후변화에 대한 국제사회의 움직임을 살펴보고, 온실가스 배출량을 줄이기 위한 정책적 수단 중 효율적인 수단으로 알려져 있는 탄소가격제들을 설명하고자 한다. 탄소가격제로 배출권거래제 및 탄소세와 함께 최근 유럽연합(European Union: EU)에서 도입한 탄소국경조정제도에 대한 논의를 통해 일반 시민들이 기후변화가 단순히 환경이슈를 넘어선 국가 경제와 연결된 이슈임을 이해할 수 있기를 기대한다. 이 책의 구성은 제1장에서는 기후변화 및 온실가스에 대해 좀 더 독자들의 이해를 넓히고, 기후변화의 이슈에 대해 국제사회가 어떻게 논의해 왔는지 다룬다. 또한 국제사회에서 탈탄소 사회로의 이행을 위해 탄소가격제를 얼마나 활용하고 있는지 전반적인 탄소가격제 활용 현황을 보여 준다. 제2장부터 제4장까지는 탄소가격제

배출권거래제: 정해진 오염물질 배출 허용 총량에 따라 배출권을 발행하여 오염원인 할당 기업들에게 배분한 뒤 각 기업들이 할당된 권리를 시장에서 자유롭게 거래할 수 있게 하는 제도이다. 할당 기업들은 자신이 최종적으로 보유한 배출권 범위 내에서 오염물질 배출이 허용된다.

를 보다 구체적으로 살펴본다. 제2장에서는 첫 번째로 온실가스 배출권거래제를 소개하며, 한국에서 배출권거래제를 운용함에 있어 당면과제가 무엇인지 논의한다. 제3장에서는 탄소세에 대하여 살펴본다. 한국에서는 탄소세가 아직 도입되지 않았지만 탄소세와 유사한 역할을 하는 세금이 있으며, 이러한 국내 세제 현황과 함께 탄소세와 배출권거래제의 비교를 통해 두 제도의 유사한 점과 차이점을 이해할 수 있도록 돕는다. 제4장에서는 탄소국경조정제도를 소개한다. 탄소국경조정제도가 무엇이며, 이것이 한국에는 어떠한 영향을 미치는지 생각해 본다. 그리고 글로벌 탄소가격제로서 탄소국경조정제도가 갖는 한계와 가능성에 대하여 논의한다. 마지막으로 탄소가격제에 대한 논의들을 정리하고 앞으로의 정책 방향에 대한 시사점을 요약하며 마무리한다.

1

기후변화에 대한 국제사회의 논의와 탄소가격제의 부상

기후변화와 온실가스

국제사회의 논의

탄소가격제 도입 현황

기후변화와 온실가스

기후변화에 관한 정부 간 협의체(IPCC)는 기후변화에 대한 가장 광범위한 연구와 분석을 진행하고 있다. 또한 최근 보고서에서 지구온난화의 효과를 분석하여 발표하였다. IPCC는 지구온난화가 심화될수록 평균 및 극한 기후의 변화가 더 광범위한 지역에서 확연해질 것으로 보고 있다(그림 1 참조).

또한 지구의 평균기온이 올라가는 정도에 따라 생물종의 절멸 위험이나 인간의 건강 악화, 식량 생산량 변화 등의 파급 효과도 추정하였다(그림 2 참조). 지구온난화로 인해 대체로 종의 절멸 위험이나 인간 건강 악화의 위험이 증가하며, 특히 식량 생산량 변화까지 포함하여 지역별로 그 정도 차가 확대될 것으로 예상하였다. 그리고 지구온난화에 따른 물리적 기후 조건의 변화는 점차 인간에 대한 영향으로 귀속될 것으로 보고 있다(IPCC 2023: 7). 여기에 더하여 지구온난화가 지구가 감내할 수 있는 임계 수준을 넘어선다면 기후변화가 증폭되어 자연의 복원력이 상실되어 생태계 균형이 훼손될 것으로 예상하고 있다(정선영·허정 2022: 3).

|그림 1| **지구온난화에 따른 기후변화 효과 추정 결과**

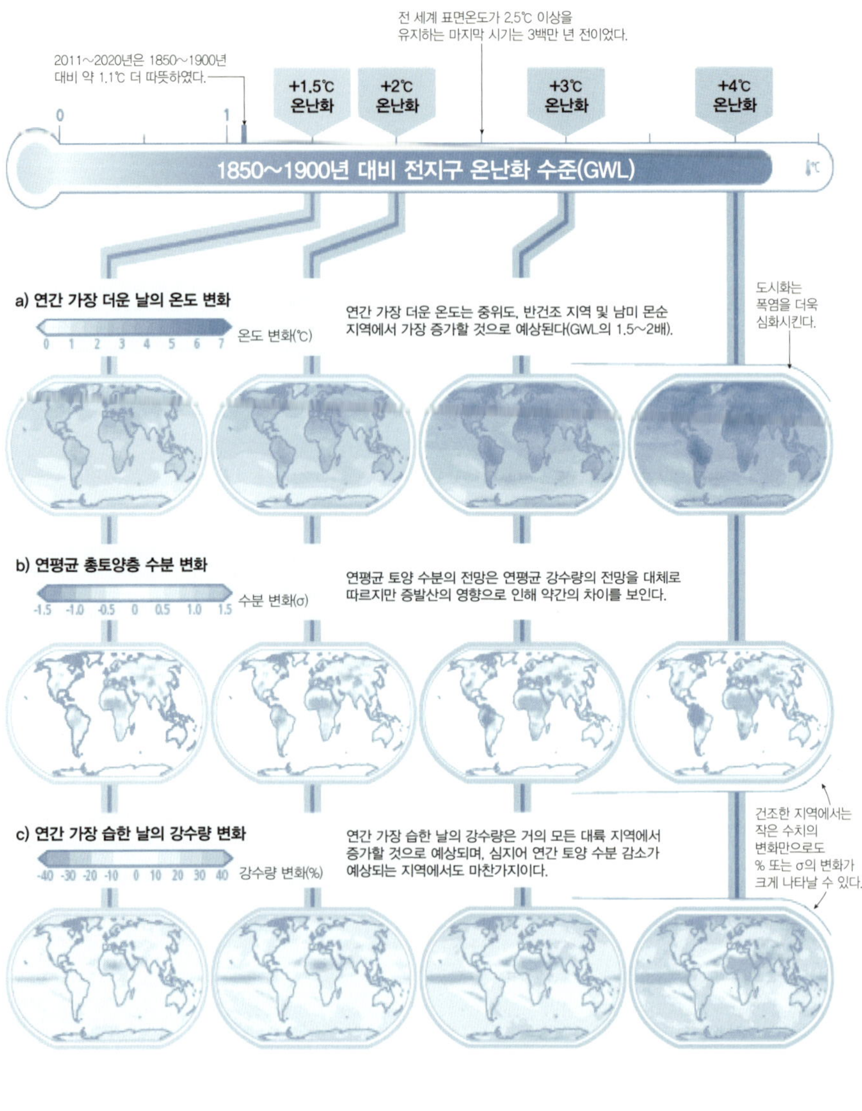

자료: IPCC(2023: 14).

|그림 2| 지구온난화의 자연과 인간 시스템에 대한 효과 추정 결과

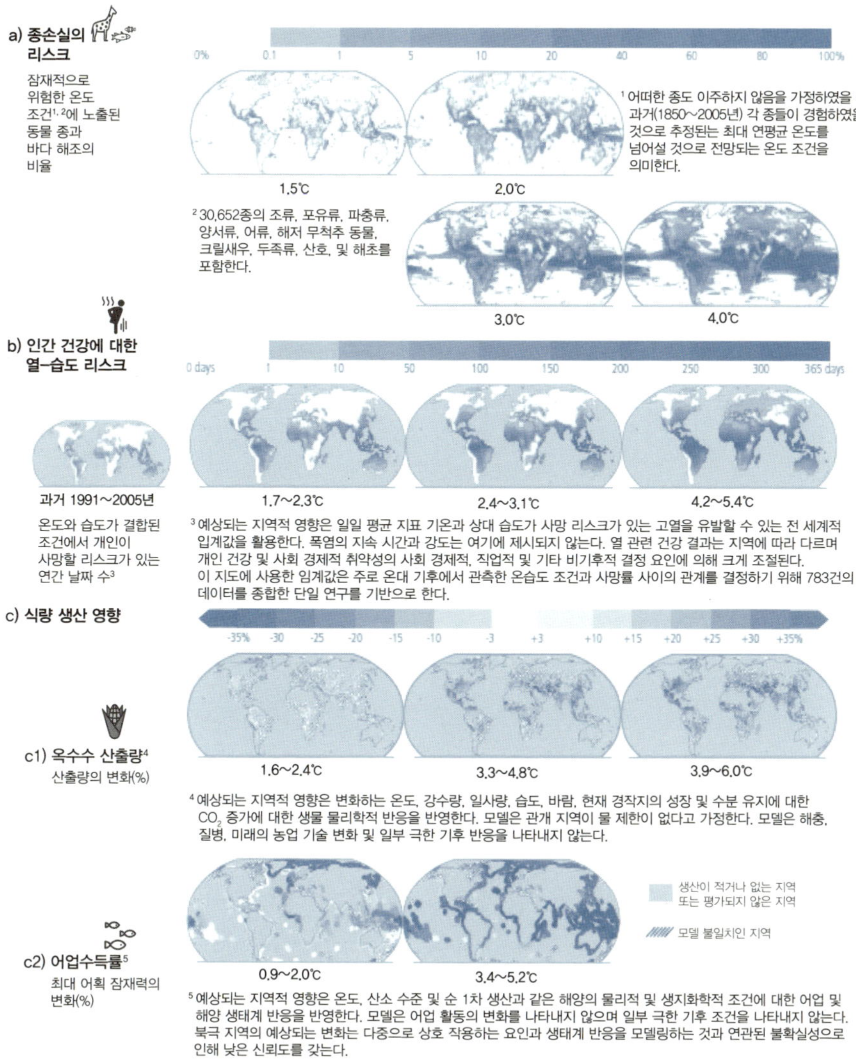

자료: IPCC(2023: 16).

|표 1| **기후변화로 초래되는 위험의 예시 및 분류**

		물리적 위험	이행 위험
수요	무역	• 자연재해로 인한 가치사슬 충격	• 탄소국경조정제도
	투자	• 불확실성	• 저탄소 경제 이행 과정에서 포트폴리오 변화 • 좌초자산
공급	생산성	• 기온변화로 인한 노동 생산성 하락 • 노동시간 감소 • 자본스톡 감소로 인한 노동 생산성 하락	• 탄소국경조정제도 도입으로 인한 공장 해외 이전
	자본스톡	• 자연재해로 인한 자본량 감소 • 적응을 위한 자본의 전용	• 좌초자산
	식량, 에너지	• 식량과 에너지 공급량 및 가격의 급격한 변화	• 식량 안보

자료: 인소영·박기영(2021: 150), 표 1.

기후변화에 의한 사회적·경제적 파장을 이해하기 위해 '들어가며'에서 언급한 물리적 위험과 이행 위험을 좀 더 살펴보자. 인소영·박기영(2021)은 기후변화에 따른 물리적 위험과 이행 위험을 수요와 공급 측면으로 구분하고 있다(표 1 참조). 물리적 위험이 경제 활동에 영향을 주는 가장 큰 경로로는 자연재해로 인한 각종 설비·시설 자본의 피해 및 기온 상승에 의한 노동 생산성 하락을 꼽을 수 있다. 반면, 이행 위험과 관련해서는 탈탄소화(decarbonization) 과정에서 화석연료를 활용하던 설비·시설들의 좌초자산 전략, 국제적인 탄소국경조정제도 시행 시 발생할 추가 비용 등이 주요 이슈가 될 수 있다.

문제는 기후변화의 핵심적인 요인인 온실가스가 전 지구적 오염물질(global pollutant)이라는 점이다. 전 지구적 오염물질은 대기권의 상층부에 축적되어 지구 전체의 환경을 광범위하게 파괴시키기 때문에(권오상 2022: 33) 누가 배출하였느냐가 중요한 것이 아니라 총량을 줄이는 것이 중요하다. 즉, 한 나라에서 아무리 온실가스를 배출하지 않더라도 다른 나라에서 온실가스를 계속 배출한다면 지구온난화를 막기 어렵다. 게다가 온실가스를 배출하지 않는 탄소중립의 사회에 도달하기에는 막대한 비용이 수반된다. 국제재생에너지기구(International Renewable Energy Agency: IRENA)에서 가장 최근에 발표한 바에 따르면, 2050년까지 1.5℃ 상승 범위에서 지구온난화를 억제하기 위해서는 전 세계적으로 총 150조 USD 수준의 투자액이 필요할 것으로 추산된다(IRENA 2023). 해당 금액을 원화로 환산할 경우, 20경 원(200,000조 원) 수준에 해당한다. 단순히 투자액을 온실가스 배출량 비중에 비례하여 지불해야 한다고 해보자. 이 경우, 한국의 온실가스 배출량은 전 세계에서 약 1.7%를 차지하기 때문에 한국도 3,500조 원 수준의 온실가스 저감 투자가 필요하다고 볼 수 있다. 전 세계 국가 중 일부에서 이러한 투자를 하지 않고 탄소중립에 이르지 못한다면 이로 인한 피해는 전 지구에 걸쳐 나타나기에 많은 비용을 들여 탄소중립에 도달한 나라도 지구온난화의 영향을 피할 수 없다. 결국 온실가스는 전 세계의 모든 국가에서 함께 배출을 줄여 나가야 한다는 당위성을 가지지만, 개별 국가 입장에서는 자칫 엄청난 비용을 들여 탄소중립을 달성하여도 지구온난화 관리에는 실패할 수 있다는 불확실성하에서 의사결정을 해야 한다.

특히, 개발도상국이나 후진국들에서는 이제 산업화를 통해 경제성장을 도모하려는 움직임을 선진국들이 기후변화를 핑계로 가로막으려 한다는 불만이 나오는 상황이다. 현재의 온실가스 누적 배출량에 상당한 책임이 있는 선진국들은 이미 산업 전환을 통해 추가적인 비용이 상대적으로 적은 데 반해, 이제 개발하려는 국가들은 제조업을 통한 경제성장의 기회를 누리기도 전에 탄소중립을 이행하기 위해 대규모 비용에 직면하였기 때문이다. 이에 따라 세계 각국은 비용 발생을 최대한 뒤로 미루려 하는 전략적인 의사결정을 할 소지가 있으며, 이것은 탄소중립이라는 목표를 더욱 달성하기 어려운 것으로 만들게 된다.

한편, 온실가스의 범위에 대한 이해도 필요하다. 온실가스는 대기 중에 장기간 체류하는 가스상의 물질로 지구의 평균기온을 14℃로 유지하는 데 중요한 역할을 하지만, 과도하게 증가하면 지구에서 우주로 나가는 열을 잡아두는 온실 효과를 유발한다(이하 국가기상위성센터 홈페이지). 우리는 일상에서 온실가스와 이산화탄소를 동일한 의미로 혼용하는 경우를 흔히 본다. 그렇지만 엄밀하게 말해 온실가스와 이산화탄소는 동일한 개념이 아니다. 온실가스는 온실 효과를 일으키는 대기 중에 장기 체류하는 가스들을 총칭하는 것이며, 이산화탄소는 그러한 온실가스 중 하나이다.

뒤에서 소개할 교토의정서에서는 이산화탄소(CO_2), 메탄(CH_4), 아산화질소(N_2O), 수소불화탄소(HFCs), 과불화탄소(PFCs), 육불화황(SF_6)을 6대 온실가스로 정의하고 있다. 이 중 이산화탄소는 대기 중에 머무는 시간이 100~300년이며 전체 온실 효과의 65%가량을 차지하여 가장 대표적인 온실가스로 일컬어진다. 메탄은 이산화탄소 다음으로 온실효과에 기여하고 있지만 대기에 체류하는 기간이 12년 수준으로 짧다. 육불화황의 경우, 동일한 양일 때 이산화탄소에 비해 약 22,800배의 온실 효과를 일으키며 영향을 미치는 기간도 3,200년에 이르는 것으로 알려져 있다. 이렇게 가스물질별로 차이가 있다 보니 온실가스 통계에서는 6대 온실가스를 각각 이산화탄소 기준으로 환산하여 합산 배출량을 발표한다. 그렇지만 온실가스는 이보다 더 광범위하다. 예를 들어, 최근에는 삼불화질소(NF_3)도 국제사회에서 대표적인 온실가스로 인정받고 있다. 그러므로 교토의정서의 6대 온실가스의 배출만 통제한다고 온실 효과의 문제를 해결할 수 있다고 단언하기도 어려운 실정이다.

국제사회의 논의

국제사회가 기후변화에 대하여 본격적으로 논의하기 시작한 것은 유엔기후변화협약이 체결된 1992년으로 거슬러 올라간다. 1992년 브라질 리

우데자네이루에서 유엔환경개발회의(United Nations Conference on Environment and Development: UNCED)가 개최되었으며, 여기에서 유엔기후변화협약(United Nations Framework Convention on Climate Change: UNFCCC)이 체결되었다. 협약의 당사국들은 선진국과 개도국이 '공동의 그러나 차별화된 책임'(Common But Differentiated Responsibilities: CBDR) 원칙•에 따라 각자의 능력에 맞게 온실가스를 감축할 것을 약속하였다. 특히, 부속서 1(Annex I)에 포함된 42개국(경제협력개발기구(OECD) 회원국, 동유럽 및 유럽경제공동체(EEC) 국가들로 구성)에 대해서는 2000년까지 온실가스 배출 규모를 1990년 수준으로 안정화시킬 것을 권고하였다(외교부 기후변화협상 홈페이지). 또한 협약 최고의 의사결정기구로 당사국총회(Conference of the Parties: COP)•를 1995년부터 매년 개최하여 유엔기후변화협약의 이행 방안을 구체적으로 논의하기로 하였다. 이후 기후변화와 관련된 국제사회의 주요한 논의와 합의는 COP에서 대부분 결정되었다.

1997년에는 일본 교토에서 열린 당사국총회(COP3)에서 선진국들의 구체적인 온실가스 감축 의무를 규정하는 교토의정서(Kyoto Protocol)가 채택되

공동의 그러나 차별화된 책임 원칙: 모든 국가가 지구환경을 악화시킨 것에 대해 공통된 책임을 져야 한다는 공동의 책임과 각 국가의 경제적·기술적 차이 등을 감안하여 서로 다른 책임을 부여해야 한다는 차별적 책임이 적용되어야 한다는 원칙이다(윤성혜 2013).

당사국총회: 유엔기후변화협약의 체결에 따라 협약에 서명한 국가들이 매년 모여 기후변화 완화 및 적응 등에 대하여 국제적으로 논의하는 의사결정기구이다(탄소중립 정책포털 홈페이지).

었다(외교부 기후변화협상 홈페이지). 교토의정서에서는 기후변화의 주범인 6대 온실가스를 정의하고 제1차 공약 기간(2008~2012년) 동안 38개 선진국들에게 온실가스 배출량을 1990년 대비 평균 5.2% 감축하는 의무를 부과하였다. 또한 이를 달성하기 위한 정책 수단으로 교토 메커니즘(Kyoto Mechanism)을 도입하였다. 교토 메커니즘은 온실가스 배출량 감축 목표를 달성하는 데 소요되는 막대한 경제적 비용을 최소화하기 위해 고안되었으며, 시장의 원리가 적용되는 공동이행제도(Joint Implementation: JI)●, 청정개발체제(Clean Development Mechanism: CDM)●, 배출권거래제가 이에 속한다(한국수력원자력 홈페이지).

그러나 온실가스 배출량 감축 목표를 하향식으로 결정하여 각국에 할당함으로써 국가 간 갈등이 증폭되어 미국은 교토의정서를 비준하지 않았으며, 캐나다는 제1차 공약 기간 후 의정서에서 탈퇴하였다. 이어 일본과 러시아, 뉴질랜드도 제2차 공약 기간(2013~2020년)에 불참할 것을 선언하였다. 그뿐 아니라 가장 많은 온실가스를 배출하는 국가들 중 하나인 중국과 인도 등은 개발도상국이라는 이유로 감축 의무에서 제외되었다. 그 결과 제1차 공약 기

공동이행제도: 교토의정서에서 부속서 1 국가인 A국이 다른 부속서 1 국가인 B국에 투자하여 온실가스 감축을 하였을 경우 감축분의 일정분을 A국의 감축실적으로 인정하는 제도이다.

청정개발체제: 교토의정서에서 부속서 1 국가가 비부속서 1 국가와 공동이행(JI)을 통하여 온실가스를 감축하였을 경우 그 감축분의 일부를 자국의 감축실적으로 인정하는 동시에 부담금(user fee)을 납부하게 하는 제도이다. 해당 부담금은 청정개발체제운영비 및 개발도상국 기후변화 적응비용에 충당하도록 하였다.

간에 감축 의무를 가진 국가들의 온실가스 배출량은 전 세계 총배출량의 22%에 불과하여 감축 목표를 초과 달성(감축률 22.6%)하였음에도 불구하고 절반의 성공으로 평가받을 수밖에 없었다(환경부 2016: 11~12).

교토의정서의 한계를 인식하고 유엔기후변화협약 당사국들은 2011년 남아프리카공화국 더반에서 당사국총회(COP17)를 개최하고, 2020년 만료되는 교토의정서를 대체할 새로운 체계를 설립할 것에 합의하고 이를 위한 협상을 2015년까지 마무리하기로 결정하였다. 2013년 당사국총회(COP19)에서는 2020년 이후 당사국 각자가 지구 기온 상승을 2℃ 이내로 억제하기 위해 얼마만큼 기여할지에 대해 당사국이 자체적으로 결정하여 국가별 기여 방안(Intended Nationally Determined Contributions: INDC)•을 2015년 당사국총회 이전에 제출하기로 합의하였다. 그리고 2015년에는 당사국총회(COP21)에서 파리협정(Paris Agreement)을 채택하였다(환경부 2016: 13; 외교부 홈페이지). 파리협정은 모든 당사국들이 온실가스 감축에 참여하도록 하며 신기후체제(new climate regime)로의 전환을 알렸다. 교토의정서는 CBDR 원

국가별 기여 방안: 당사국별로 자체적으로 결정하는 온실가스 감축 목표를 말한다. 해당 용어는 파리협정이 채택된 이후부터 'Intended'가 빠진 NDC로 대체되었다.

칙을 구현함에 있어 선진국에만 의무를 부여하고 개발도상국의 참여를 충분히 유도하지 못함으로써 실패하였다. 이에 파리협정에서는 이를 보완하기 위해 모든 국가에 온실가스 감축의 의무를 부담시키되 선진국의 선도적 역할을 강조하면서도 개발도상국의 역량 강화 및 이를 위한 지원 방안을 논의한다는 근본적인 차이를 가진다(강준하 2016).

파리협정으로 구축된 신기후체제는 교토의정서에 의한 대응체제와는 많은 차이를 가지고 있다. 표 2에서 보는 바와 같이 우선 목표부터 온실가스 배출량 감축률이 아닌 기온 상승 폭 제한 수준으로 정하였으며, 모든 당사국들이 온실가스를 감축하도록 하되 하향식으로 지정해 주는 대신 각국이 감축 목표를 결정하도록 하였다. 목표 이행에 대한 법적 구속력을 부여하지 않아 목표를 달성하지 못하더라도 별도의 징벌(penalty)은 없다. 5년마다 이행 결과와 새로운 온실가스 감축 목표(Nationally Determined Contributions: NDC)를 제출해야 하며, 새로운 NDC는 이전 목표보다는 더 높은 수준이어야 하는 진전원칙(principle of progression)을 따라야 한다. 이에 따라 한국도 '2030년 국가온실가스 감축 목표(NDC)'

|표 2| **교토의정서와 파리협정 비교**

교토의정서	구분	파리협정
온실가스 배출량 감축 (1차: 5.2%, 2차: 18%)	목표	기온 상승 폭 억제 목표 (2℃ 이하 목표, 1.5℃ 이하 추구)
온실가스 감축에 초점	범위	온실가스 감축뿐만 아니라 적응, 재원, 기술이전, 역량 배양, 투명성 등을 포괄
기후변화협약 Annex I 국가 (전 세계 배출량의 22%)	감축 의무 국가	모든 당사국 (전 세계 배출량의 95.7%)
하향식	목표 설정 방식	상향식(자발적 공약)
징벌적 (미달성량의 1.3배를 다음 공약 기간에 추가)	목표 불이행 시 징벌 여부	비징벌적 (비구속적, 동료 압력 활용)
특별한 언급 없음	목표 설정 기준	진전원칙(후퇴금지원칙) 5년마다 전 지구적 이행점검
공약 기간에 종료 시점이 있어 지속 가능한지 의문 (매 공약 기간 대상 협상 필요)	지속 가능성	종료 시점을 규정하지 않아 지속 가능한 대응 가능
국가 중심	행위자	다양한 행위자의 참여 독려

자료: 환경부(2016: 30); 외교부(https://www.mofa.go.kr/www/brd/m_20152/view.do?seq=365390&srchFr=&srchTo=&srchWord=&multi_itm_seq=0&itm_seq_1=0&itm_seq_2=0&company_cd=&company_nm=&page=3).

를 2015년 최초 수립 시에는 BAU 대비 37% 감축으로 설정하였다가 여러 차례의 수정을 거쳐 2021년에는 2018년 대비 40% 감축하는 것으로 목표를 상향하여 발표하였다(관계부처 합동 2021).

파리협정의 체결 이후에도 당사국들은 매년 당사국총회를 통해 보다 진전된 기후변화 대응을 위해 논의해 왔다. 특히, 2021년 당사국총회(COP26)

에서는 6년간 치열하게 협상해 온 국제탄소시장 지침을 타결함으로써 파리협정의 세부이행규칙(Paris Rulebook)을 완성하였다(외교부 기후변화협상 홈페이지). 또한 가장 최근인 2023년에는 아랍에미리트에서 당사국총회(COP28)가 개최되어 2030년까지 재생에너지 발전용량을 3배 확충하고 에너지 효율을 2배 증대하는 등 저탄소 기술 가속화에 합의한 UAE 컨센서스(UAE Consensus)를 채택하였다(KPMG 2024).

한편, 최근에는 전 세계에서 많은 국가들이 탄소중립(net zero) 목표를 천명하고 있다. IPCC에서 2018년에 발표한 『1.5℃ 지구온난화』 특별보고서가 국제사회의 탄소중립 기조에 상당한 영향을 미쳤다. 해당 보고서에서는 현재까지 지구 평균기온이 산업혁명 이전 대비 약 1℃가량 상승하였으며, 현 추세가 지속된다면 2030~2052년 사이에 1.5℃ 상승된 기온에 도달할 것으로 추산하였다. 특히, 지구 평균기온이 산업혁명 이전 대비 2℃ 이상 상승할 경우 생태계의 비가역적인 손실 리스크가 클 것으로 추정하여 지구온난화를 산업혁명 이전 대비 2℃ 이내로 억제하는 것이 중요함을 강조하였다(표 3 참조).

|표 3| **지구 평균기온 상승 효과 비교**

구 분	1.5℃	2℃
생태계 및 인간계	높은 위험	매우 높은 위험
중위도 폭염일 온도	3℃	4℃
고위도 한파일 온도	4.5℃	6℃
산호 소멸	70~90%	99%
기후영향·빈곤취약 인구	2℃에서 2050년까지 최대 수억 명 증가	
물 부족 인구	2℃에서 최대 50% 증가	
대규모 기상이변 위험	중간 위험	중간~높은 위험
해수면 상승	0.26~0.77m	0.3~0.93m
북극 해빙 완전 소멸 빈도	100년에 한 번	10년에 한 번

자료: 대한민국정부(2020: 18), 표 1-1.

해당 보고서는 지구 평균기온 상승 폭을 2℃ 이내로 억제하기 위해서는 2070년경에는 탄소중립에 도달해야 하는 것으로 추산하였다. 그러면서도 가능하면 1.5℃ 이내로 상승 폭을 관리하는 것을 권장하였는데, 이를 위해서는 2050년까지 탄소중립에 도달해야 한다고 예상하였다. 이 보고서의 발표 이후 탄소중립을 선언하는 국가들이 등장하기 시작하였다. NET ZERO TRACKER에 따르면, 탄소중립의 진행 단계는 크게 '제안·논의 → 선언·공약 → 정책화 → 법제화 → 달성'의 5단계로 구분되며, 2024년 7월 기준으로 198개국(EU 포함) 중 150개국

|그림 3| **탄소중립 진행 단계별 국가 수 분포(2024년 7월 기준)**

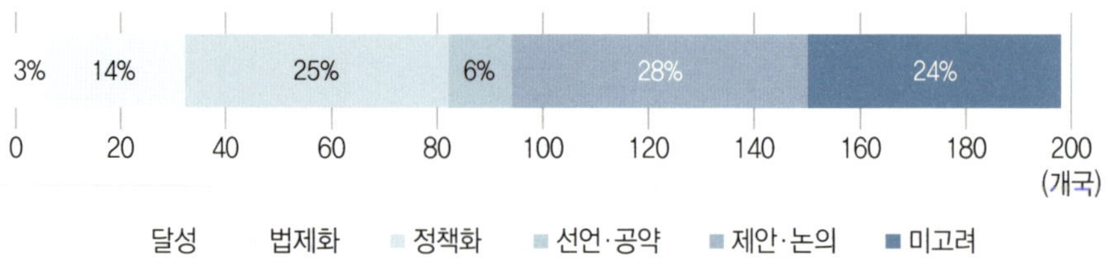

자료: NET ZERO TRACKER에서 제공하는 데이터를 이용하여 저자 작성.

에서 최소 탄소중립을 제안·논의하는 단계 이상을 진행하고 있다. 이 중 128개국에서 2050년에 달성할 것을 목표로 하고 있으며, 가장 가까운 달성 시기는 2030년에서, 가장 먼 달성 시기는 2070년까지 분포하고 있다.

탄소가격제 도입 현황

본 절에서는 제2장부터 본격적으로 다루게 될 탄소가격제들과 관련하여 특히 가장 대표적인 배출권거래제 및 탄소세가 전 세계적으로 얼마나 정책적으로 활용되고 있는지 현황을 살펴보고자 한다. 앞에서도 언급한 것처럼 온실가스를 저감하는 정책으로 직접 규제를 활용하는 경우도 많으나, 이 책에서는 비용 효과적인 제도로 알려져 있는 탄소가격제에 집중한다. 2024년 4월 기준으로 전 세계에서 75개의 탄소가격제가 도입되었다. 이 중 39개는 탄소세이며, 36개는 배출권거래제이다(World Bank 2024). 전 세계의 배출권거래제와 탄소세 도입 현황은 그림 4에서 확인할 수 있다. 한국의 경우, 배출권거래제(K-ETS)만을 도입하였다. 한국은 비록 탄소세를 도입하지는 않았으나 간접적으로 탄소에 대한 과세 효과를 가지는 화석연료에 대한 개별소비세 및 교통·에너지·환경세를 운용하고 있다. 이에 대해서 조금 더 살펴보도록 하자.

화석연료를 사용할 경우, 연료에 따라 단위당 온실가스 배출량이 비교적 일정하다. 이를 일반적으로 연료별 온실가스 배출계수라 부른다. 한편, 한국의 화석연료에 대한 세금은 종량세이다. 종량세는 과세 대상의 단위 무게나 부피 등에 대하여 세율을 정하여 세금을 부과하는 방식이다. 따라서 몇 가지 환산계수와 산식 변환을 이용하면 현재의 교통·에너지·환경세를 이산화탄소 톤당 세율로 계산할 수 있다. 예를 들어, 경유의 순발열량●은 리터당 35.2MJ(=0.0000352TJ)이며, 탄소배출계수는

순발열량: 연료의 연소 과정에서 발생하는 수증기의 잠열을 제외한 발열량을 말한다(국가법령정보센터 홈페이지: 「에너지법 시행규칙」 [별표]).

|그림 4| **배출권거래제 및 탄소세 도입 현황**

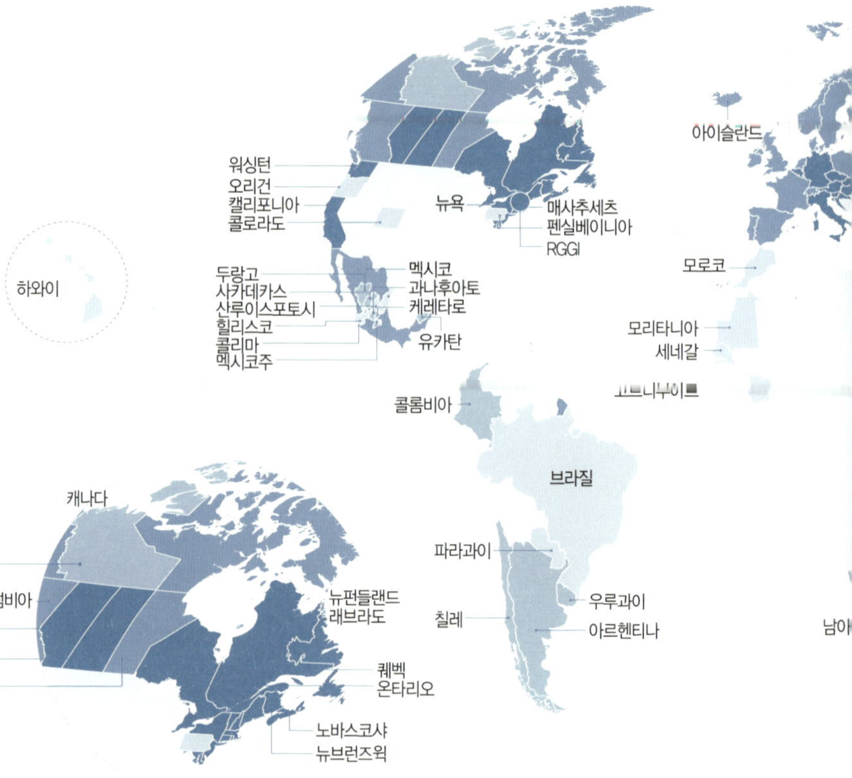

● 배출권거래제와 탄소세 모두 도입 ● 배출권거래제 도입

● 탄소세 도입 ● 배출권거래제 혹은 탄소세 도입 고려 중

자료: World Bank(2024: 21), Figure 4.

20.111tC/TJ, 이산화탄소 환산계수는 3.667tCO_2/tC 이다. 또한 2024년 8월 현재, 경유의 교통·에너지·환경세는 리터당 263원이다. 이러한 정보를 이용하

면 현재 경유에 부과하는 교통·에너지·환경세의 세율은 이산화탄소 톤 기준으로 환산하였을 때 10만 1,323원/tCO_2으로 계산된다.

연료에 대한 소비세 세율의 탄소세 기준 환산 예시(경유의 교통·에너지·환경세)

이산화탄소 톤당 세율(원/tCO_2)

= 교통 · 에너지 · 환경세 세율(원/L)÷순발열량 환산계수(TJ/L)÷배출계수(tC/TJ)÷이산화탄소 환산계수(tCO_2/tC)

= 263÷35.2÷20.111÷3.667×1,000,000 = 101,323

실효탄소가격: 연료에 대한 소비세, 탄소세 및 배출권거래제에서의 배출권 가격과 같이 시장원리를 기반으로 하는 정책 수단에 의해 에너지 사용에 따라 배출된 이산화탄소에 적용되는 총가격을 의미한다(OECD 2021).

이러한 이유에서 OECD에서는 각종 화석연료의 소비에 부과하는 에너지세도 실효탄소가격(Effective Carbon Rate: ECR)에 포함된다(OECD 2023). World Bank에서도 직접적인 탄소가격제에는 탄소세(carbon tax)와 배출권거래제(emission trading)만 인정하고 있으나, 연료에 부과하는 세금도 간접적인 탄소가격제(indirect carbon pricing)로 분류하고 있다(World Bank 2024). 연료에 대한 소비세(fuel excise tax)까지 포함하였을 때 전 세계의 온실가스에 대한 실효탄소가격 분포를 살펴보면 그림 5와 같다. 전 세계 온실가스 배출량의 58%는 가격이 부과되지 않음을 알 수 있다. 이산화탄소 톤당 50EUR 이상의 탄소가격이 부과되는 것은 전체 배출량의 10% 남짓에 불과하다. 온실가스 배출량에 대한 탄소가격의 상위 1%는 이산화탄소 톤당 277.39EUR/tCO_2e

|그림 5| **탄소가격제도들의 실효탄소가격 분포(2021년 기준)**

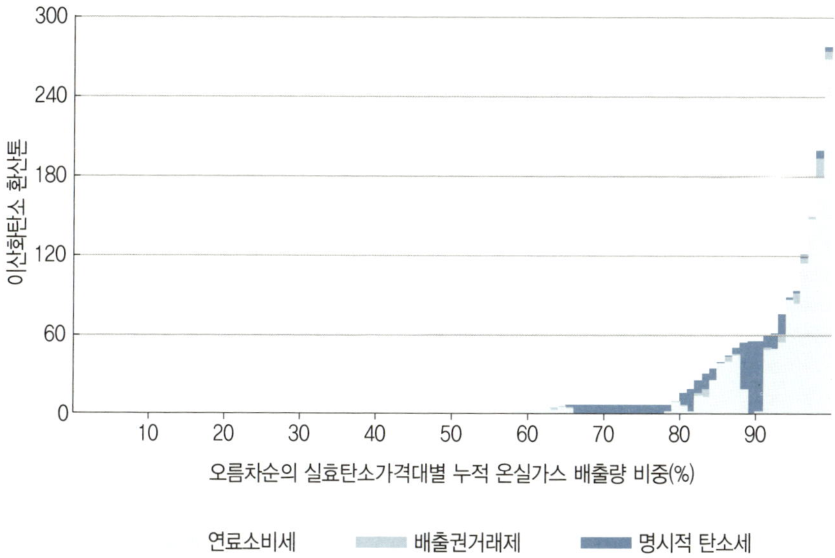

자료: OECD(2023: 34), Annex Figure 2.A.1.

에 이르는 것으로 나타났다. 대부분의 탄소가격은 연료에 대한 소비세에 의해 부과되고 있으며, 그다음으로 배출권거래제의 배출권 가격의 형태로 부과되고 있다.

OECD(2023)에서는 2021년 기준 각국의 실효탄소가격도 제공하고 있다. 이에 따르면, 실효탄소가격을 부과하고 있는 국가는 71개국이며, 한국은 실효탄소가격이 43.29EUR/tCO_2e로 71개국 중 30번

째에 해당한다(그림 6 참조). 또한 실효평균탄소가격(Effective Average Carbon Rate: EACR)은 29.88EUR/tCO_2e로 계산되었다. 다만 이는 2021년 기준의 실효탄소가격이며, 직접적인 탄소가격만으로 한정한 최근 자료(World Bank 2024)를 살펴보면, 한국의 탄소가격은 OECD(2023)에서 계산된 수치의 1/4에도 미치지 못하는 것으로 나타난다(그림 8 참조). 이는 World Bank 자료에서는 OECD에서 실효탄소가격으로 인정하고 있는 연료에 대한 소비세가 제외되었고, 2021년에 비해 2024년에 한국의 온실가스 배출권거래제(K-ETS)의 배출권 가격이 폭락하였기 때문이다.

그림 8을 좀 더 살펴보면, 전 세계적으로 볼 때 현재 운용 중인 직접적인 탄소가격제 중에서 100USD/tCO_2e를 넘는 가장 높은 탄소가격을 적용하고 있는 정책 수단은 모두 탄소세이다. 배출권거래제 중에서는 EU-ETS가 가장 높은 가격이 적용되고 있는데, 이산화탄소 톤당 60USD 수준이다. 배출권거래제는 배출권의 시장가격에 의해 탄소가격이 부여되는 데 반해 탄소세는 정부에서 정책적으로 세율을 결정하여 탄소가격이 부과되는 차이가

|그림 6| **각국의 평균 및 한계탄소가격 분포(2021년 기준)**

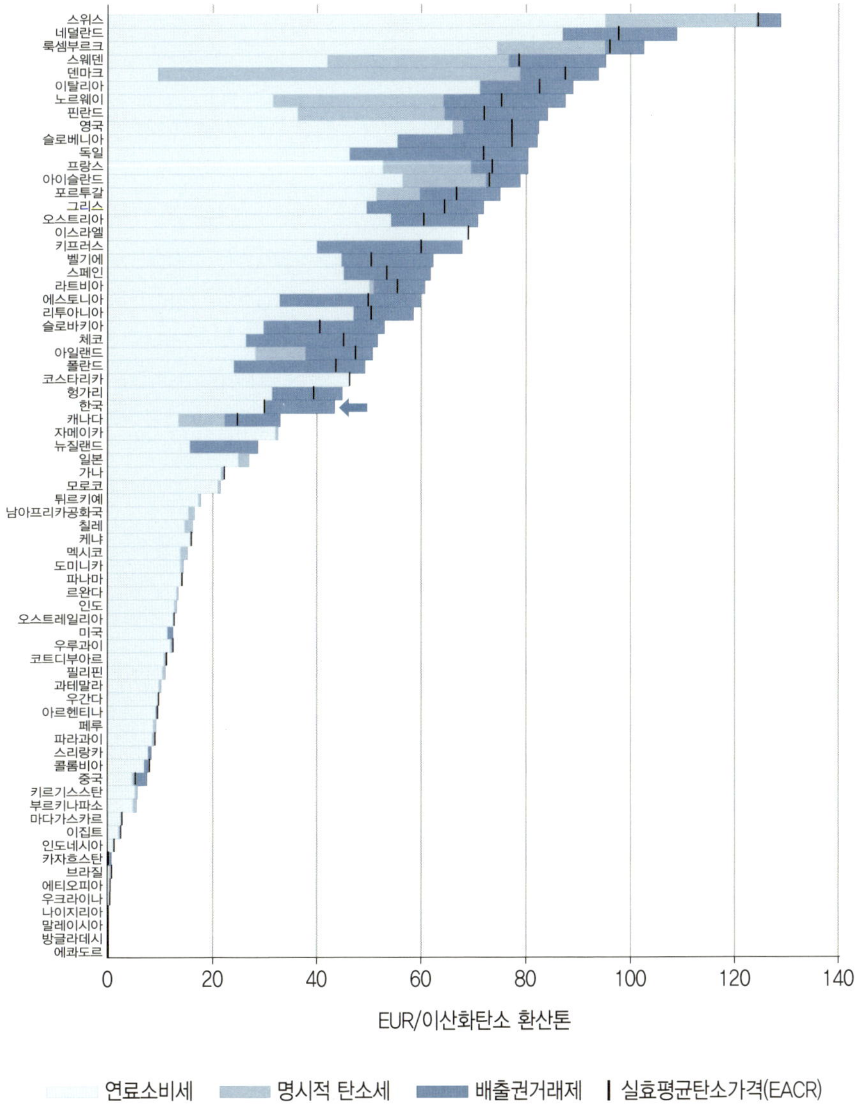

주: 화살표가 가리키는 그래프가 한국임.
자료: OECD(2023: 35), Annex Figure 2.A.2.

|그림 7| 각국의 실효탄소가격이 적용되는 온실가스 배출량 비중(2021년 기준)

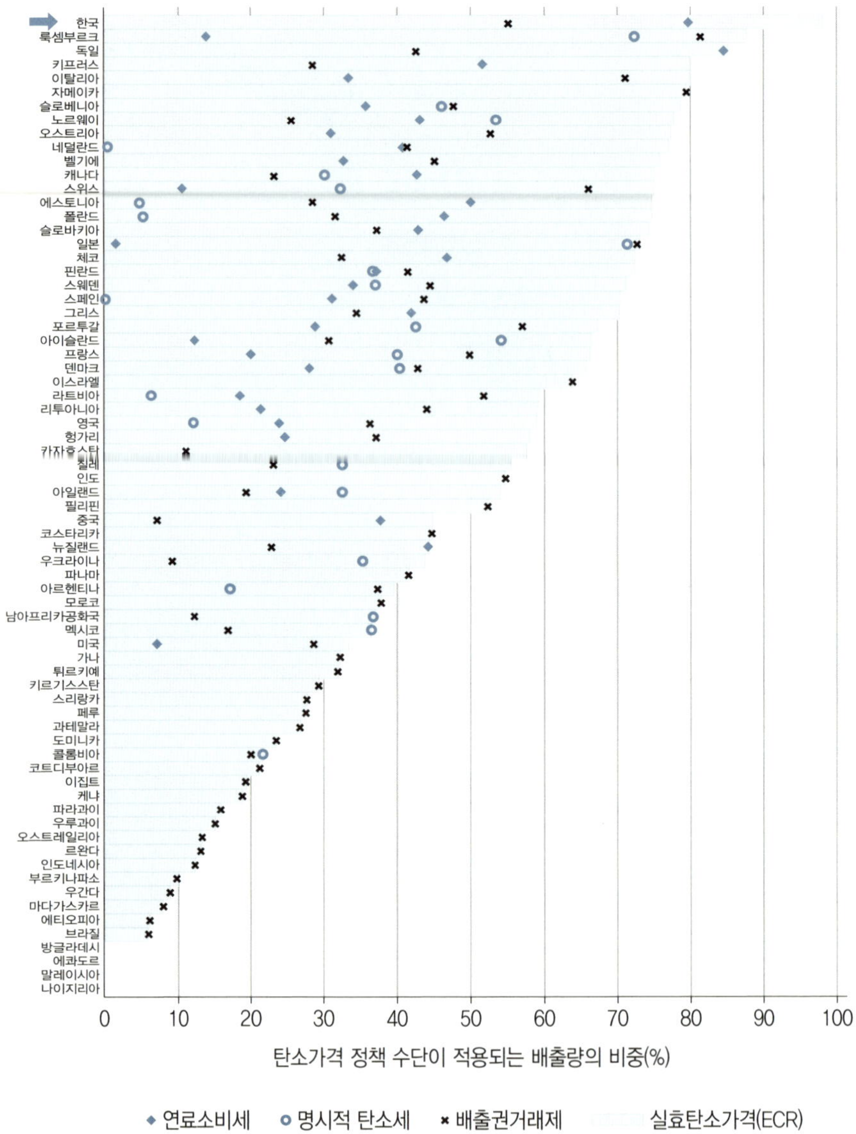

주: 화살표가 가리키는 그래프가 한국임.
자료: OECD(2023: 35), Annex Figure 2.A.2.

있다. 즉, 탄소에 대한 비용을 많이 부과하여 온실가스 배출을 적극적으로 억제하겠다는 정부의 의지가 강하다면 탄소세가 더 적극적인 수단이 될 수 있다. 반면, 배출권거래제는 시장에서의 수요와 공급이 균형되는 수준에서 가격이 결정되다 보니 시장의 여건에 따라 변동성도 크고 정부의 의도대로 가격이 즉각적으로 반응하기도 어렵다.

한편, OECD(2023)는 각국에서 배출하고 있는 온실가스 중 어느 정도의 범위에 대해 실효탄소가격이 적용되고 있는지도 조사하였다. 흥미로운 것은 한국이 71개국 가운데 실효탄소가격의 적용 범위가 가장 넓다는 점이다. 한국에서 실효탄소가격 적용 범위(share of GHG emissions priced by ECR component)는 98.4%인데, 두 번째로 범위가 넓은 룩셈부르크(87.9%)에 비해서도 10%p 이상 높다(그림 7 참조). 한국의 실효탄소가격 적용 범위가 넓은 것은 배출권거래제의 적용 범위가 79.9%로, 국가별로는 독일(84.7%) 다음으로 높은 데다 배출권거래제의 적용을 받지 않는 수송 부문이 연료에 대한 세금(개별소비세, 교통·에너지·환경세 등)에 적용받기 때문이다.

실효탄소가격이 아닌 직접적인 탄소가격제의

|그림 8| 배출권거래제 가격 및 탄소세 세율 현황(2024년 4월 기준)

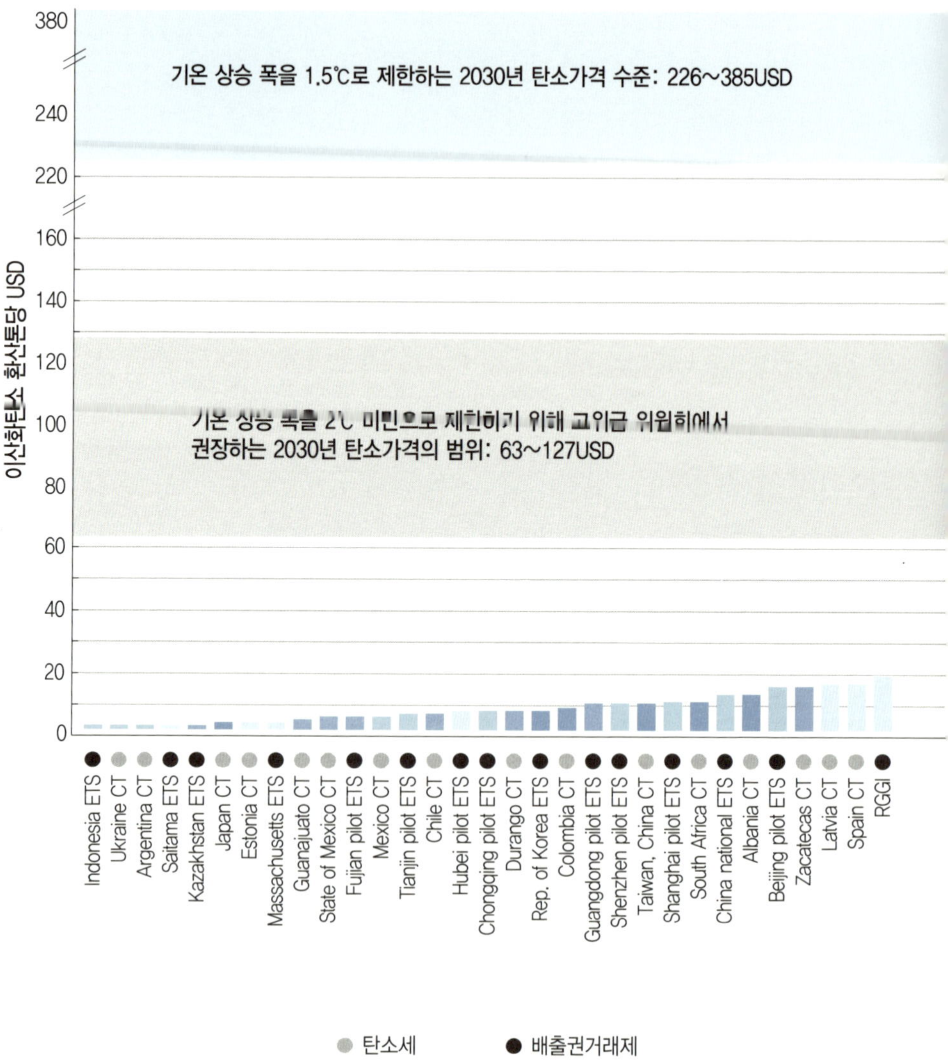

자료: World Bank(2024: 25), Figure 7.

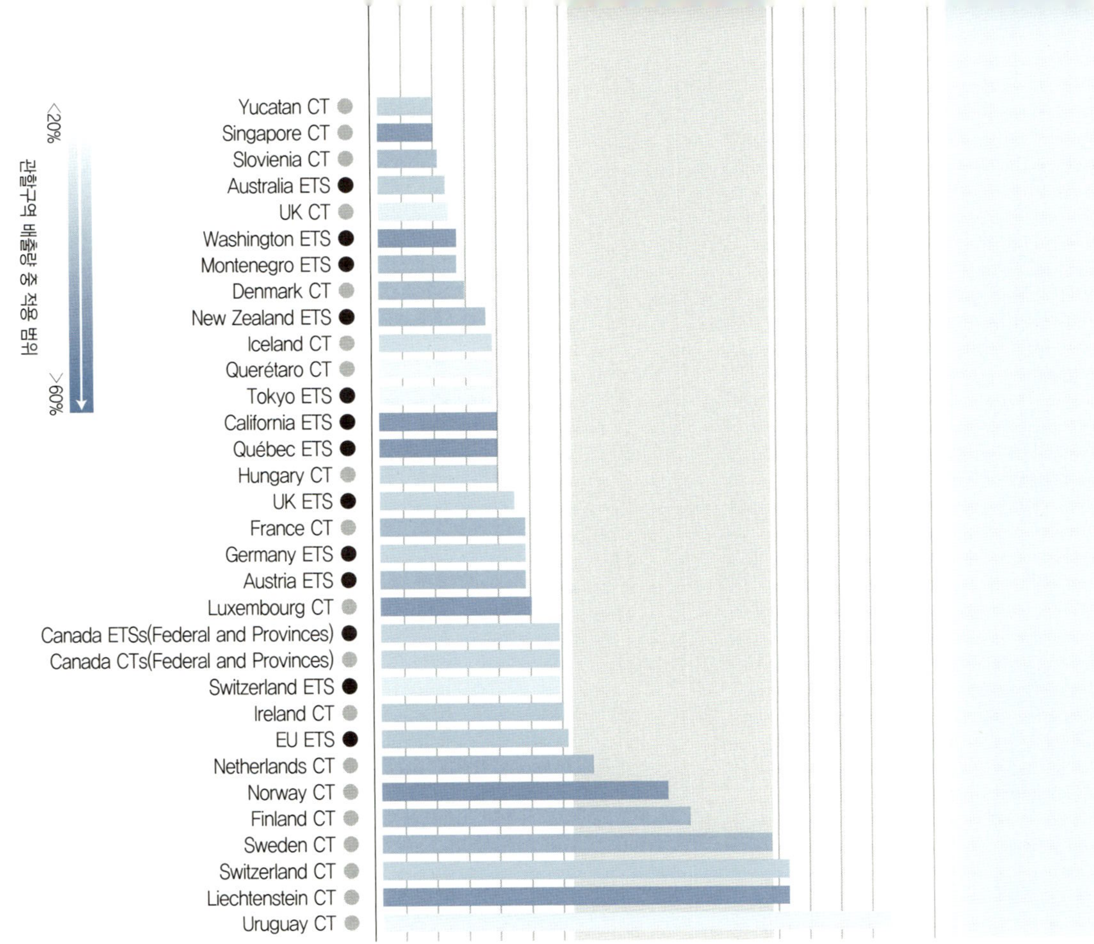

<20%
>60%
관할구역 배출량 중 적용 범위
Yucatan CT
Singapore CT
Slovienia CT
Australia ETS
UK CT
Washington ETS
Montenegro ETS
Denmark CT
New Zealand ETS
Iceland CT
Querétaro CT
Tokyo ETS
California ETS
Québec ETS
Hungary CT
UK ETS
France CT
Germany ETS
Austria ETS
Luxembourg CT
Canada ETSs(Federal and Provinces)
Canada CTs(Federal and Provinces)
Switzerland ETS
Ireland CT
EU ETS
Netherlands CT
Norway CT
Finland CT
Sweden CT
Switzerland CT
Liechtenstein CT
Uruguay CT

적용 범위를 살펴보면, 2024년 4월 기준으로 전 세계의 온실가스 배출량 중 24%가량만이 배출권거래제나 탄소세의 정책 대상이 되고 있는 것으로 나타났다(World Bank 2024). 그림 9를 보면 탄소가격제의 적용 범위가 크게 증가하는 시기가 있다. 2004년까지 1% 내외의 배출량만 적용받던 탄소가격제는 2005년 EU에서 배출권거래제가 처음으로 도입되면서 적용 범위도 5% 이상으로 크게 증가하였다. 이후 2021년에도 거의 10%p에 달하는 상승이 있었는데, 이 시기에 중국에서 배출권거래제•를 도입하면서 급등하게 되었다. 이러한 일련의 변화는 온실가스 다배출 국가 혹은 지역이 기후변화에 어떻게 대응하느냐에 따라 전 세계적으로 영향을 받는 정도가 현저함을 보여 준다.

중국의 배출권거래제: 중국은 2021년 7월 세계 최대 규모의 전국 통합 탄소 배출권거래제를 도입하였다. 중국에서는 2013년부터 베이징, 상하이, 톈진 등 8개 지역에서 지역별 배출권 거래소를 시범 운영하였으며, 2021년 「탄소배출권 거래관리에 대한 조례」를 발표하면서 기존의 지역별 거래소를 전국 단위로 확대하고 배출권 거래시장을 하나로 통합하는 방향으로 정책을 진행하고 있다. 전국거래소로는 상하이거래소를 지정하였다(한국환경산업기술원 2023).

한편, 탄소가격제를 도입하는 국가들의 소득 수준을 살펴보면, 기존에는 고소득국가인 선진국들이 탄소가격제를 주도적으로 도입하였다면, 최근에는 중상위 소득 수준(upper middle income)의 국가들이 탄소가격제를 선진국 못지않게 도입하고 있음을 볼 수 있다. 특히, 코로나 시기 이후에는 중상위 소득 수준 국가들은 탄소세를 더 적극적으로 도입하고

|그림 9| **전 세계의 온실가스 배출량 중 배출권거래제나 탄소세의 정책 대상이 되는 비중**

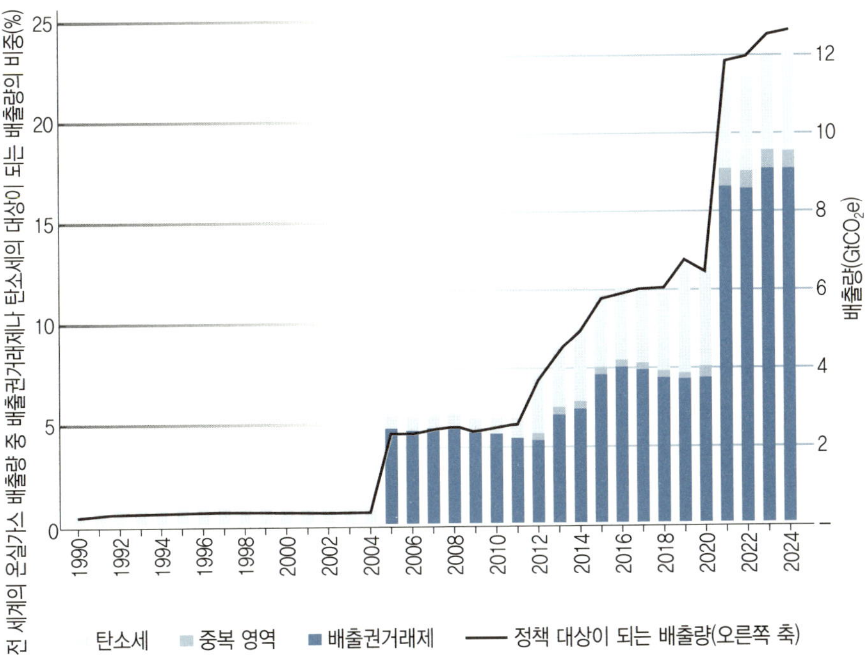

자료: World Bank(2024: 22), Figure 5.

있으며, 선진국들은 배출권거래제를 도입하는 사례가 더 많은 것으로 나타났다(그림 10 참조).

|그림 10| 연도별 국가 소득 수준별 배출권거래제와 탄소세 도입 현황(2005~2024년)

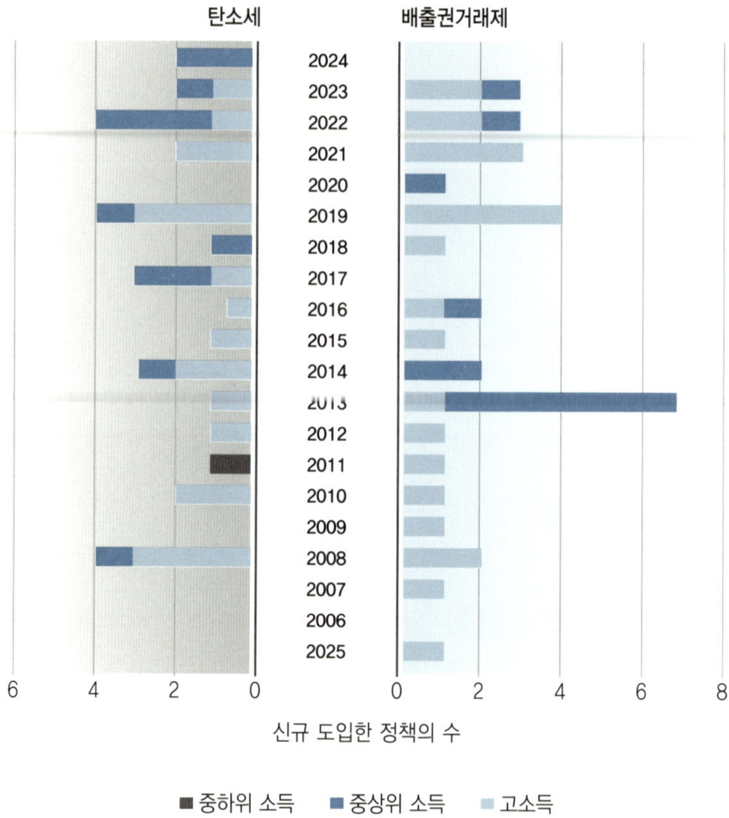

자료: World Bank(2024: 19), Figure 3.

2

온실가스 배출권거래제

제도 개요

제도 도입 사례

한국의 배출권거래제

제도 개요

온실가스 배출권거래제에서는 정해진 온실가스 배출 허용 총량에 따라 배출권을 발행하여 오염원에게 배출권 수량까지만 온실가스 배출을 허용한다. 발행한 배출권은 오염원인 할당 기업들에게 배분되며, 각 기업들이 자신의 온실가스 배출량과 배출저감비용을 감안하여 할당된 권리를 시장에서 자유롭게 거래할 수 있다. 따라서 오염원은 자신이 가진 배출권보다 더 많이 온실가스를 배출할 경우 시장에서 배출권을 추가 구매해야 하며(수요자), 자신이 가진 배출권보다 온실가스를 적게 배출하게 된다면 남는 배출권을 보유하거나 시장에서 판매하게 된다(공급자)(그림 11 참조). 배출권 거래시장 참여자들은 자체적으로 온실가스 배출을 감축하는 데 소요되는 비용과 시장에서의 배출권 가격을 비교하여 더 저렴한 방식을 선택하여 온실가스 배출량을 결정한다. 배출권 가격이 자체 감축 기술을 사용하는 것보다 더 저렴하다면 감축보다는 배출권을 구매할 결정을 할 것이기에 시장에서 수요자가 될 것이다. 반면, 자체 감축 기술을 개발하여 감축하는 데 소

|그림 11| **배출권거래제의 구조**

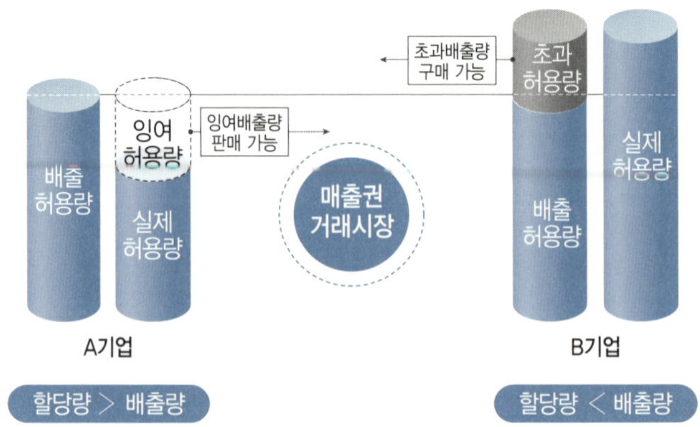

자료: 한국에너지공단(https://offset.energy.or.kr/offsetsystem/offsetsystem_list.do).

요되는 비용이 배출권 구매가격보다 더 낮다면 해당 참여자는 자체적으로 배출량을 감축하여 배출권을 남기고 남은 배출권을 시장에 판매하는 공급자가 될 수도 있고, 혹은 나중을 위해 배출권을 예치(banking)할 수도 있다.

배출권거래제와 탄소세와 같은 탄소가격제가 효율적이라고 하는 것은 경제적인 원리에 기반한다. 경제학에서는 생산자 모두가 마지막 한 단위의 상품을 동일한 비용으로 만들 경우 시장 전체의 비용이 가장 작아진다는 원리가 있다. 이를 보다 전문적으로 표현한다면 등한계원칙(equi-marginal

등한계원칙: 개별 참여자의 한계비용이 동일할 때 시장 전체의 총비용이 최소화된다는 수학적 원리를 말한다. 수학적으로는 비용최소화가 비용함수의 1계 도함수 조건(First Order Condition: FOC)으로 성립됨을 보임으로써 설명할 수 있다.

principle)•이라 하며, 시장 내 모든 생산자의 한계비용이 동일할 경우 시장 전체의 생산량에 대하여 비용최소화를 달성한다. 이제 같은 내용을 그림으로 풀어서 다시 생각해 보자. 오염원이 둘(오염원 1, 오염원 2) 있다고 하자. 각 오염원이 추가적인 한 단위의 온실가스를 저감하는 데 들어가는 비용인 한계저감비용(Marginal Abatement Cost: MAC)•을 각각 MAC_1, MAC_2라 한다면 해당 비용곡선은 수평축이 저감량이고 수직축이 비용인 평면에서 우상향하는 형태로 표현할 수 있다. 이제 오염원 1의 한계저감비용 그래프를 그대로 둔 채로 오염원 2의 한계저감비용 그래프만 180도 좌우로 회전하여 두 그래프를 연결하면, 그림 12와 같은 'ㄷ'자를 수직으로 세워놓은 형태의 축을 가지는 그래프를 만들 수 있다. 이때 수평축의 길이는 정책 목표로 삼는 두 오염원의 합계 저감량(A)만큼으로 맞춘다. 그러면 수평축 위의 한 점은 총저감목표량을 오염원 1과 오염원 2에게 어떻게 배분하는지 나타낸다.

한계저감비용: 오염물질을 한 단위 감축시키기 위해 추가적으로 소요되는 비용을 말한다. 수학적으로는 총저감비용(특정한 양의 오염물질을 감축시키기 위해 소요되는 모든 비용)함수의 1계 도함수가 한계저감비용이 된다.

예를 들어, 정부가 오염원 1과 오염원 2에게 동일한 양을 저감하도록 규제하였다고 하면 *S*점의 수평축 자리에서는 오염원 1과 오염원 2가 동일한 양

|그림 12| **배출권거래제의 비용 효과성**

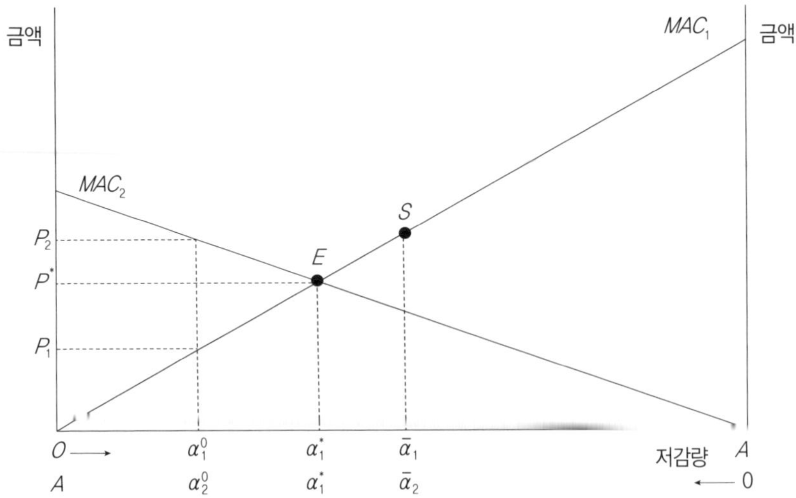

자료: 저자 작성.

을 저감함을 의미한다($\bar{\alpha}_1=\bar{\alpha}_2=A/2$). 그리고 이 경우 A만큼의 총저감량을 달성하기 위해 MAC_1, MAC_2 곡선 아랫부분의 삼각형 두 개의 면적(회색 부분)에 해당되는 비용을 지불해야 한다. 그렇지만 배출권 거래제에서는 초기에 배출권을 어떻게 할당하더라도 E점에서 균형에 도달하고, 결과적으로 각 오염원의 저감량은 α_1^*와 α_2^*로 결정된다. 이 경우 총저감량 A를 달성하기 위한 저감비용은 삼각형 OEA로 오염원 1, 오염원 2가 A만큼의 온실가스를 줄이기 위해 가장 적은 비용을 소요하게 된다. 그리고 이 결과에서도 균형에서 두 오염원이 저감한 온실가스의 마지막 한 단위에 대한 비용(한계저감비용)이 모두 P^*가 되면서 앞서 설명하였던 비용최소화를 위해 필요한 조건인 $MAC_1=MAC_2$를 만족하게 됨을 확인할 수 있다.

여기에서 알 수 있는 배출권거래제의 매우 흥미로운 특성은 정부가 목표로 하는 저감량을 비용 효과적으로 달성하기 위해 오염원들에 대해 그들의 온실가스 배출량을 제외한 아무런 정보도 필요하지 않다는 점이다. 정부가 초기 배출권 할당량을 어떻게 결정하든 오염원들이 배출권 거래시장에서 배

배출권거래제에서의 균형

그림 12에서 초기 배출권 할당량이 어떻게 되든 저감량과 배출권 가격의 조합이 E로 귀결된다는 것은 다음과 같이 설명할 수 있다. 만약 오염원 1, 오염원 2에게 저감량이 각각 α_1^0와 α_2^0이 되도록 배출권을 할당하였다 하더라도 배출권 가격이 (P_1, P_2) 구간 내에서 형성되는 한 오염원 1은 저감량을 더 늘려 배출권을 남기고 남은 배출권을 시장에서 파는 것이 더 유리하다. 반대로 오염원 2는 저감량을 α_2^0으로 맞추기에는 자체 저감비용(P_2)이 시장의 배출권 가격보다 더 높기 때문에 저감량을 줄이고 대신 시장에서 배출권을 추가 구매하려 할 것이다. 결국 이러한 조정 과정을 거치다 보면 두 오염원의 저감량 균형은 α_1^*와 α^*로 귀결되고 이때 시장에서의 배출권 가격은 P^*가 될 것이다.

출권 가격과 자신의 한계저감비용 간 상대적 크기를 고려하여 비용 효과적인 수준에서 배출량에 대한 의사결정을 하기 때문이다. 이러한 특성이 온실가스 배출량을 줄이기 위한 수단으로 직접 규제에 비해 탄소가격제가 가지는 가장 강력한 장점이라 할 수 있다.

그렇지만 이와 동시에 기억해야 할 것은 이러한 배출권거래제의 비용 효과성 원리가 성립되기 위해서는 거래시장이 완전경쟁시장에 가까워야 한다는 점이다. 특히, 완전경쟁시장의 조건 중에서도 시장참여자가 모두 거래 가격에 단독으로 영향을 줄 수 없는 가격 수용자(price taker)•이어야 한다는 조건이 매우 중요하다. 시장참여자 중 소수의 대규모 배출자가 있다고 한다면 시장은 이 소수의 오염원이 어떻게 의사결정을 하느냐에 따라 가격이 변동한다. 소수의 대규모 배출자가 가격에 영향을 주는 가격 책정자(price setter)•인 상황에서는 시장참여자들의 한계저감비용이 등한계원칙을 만족하지 못하게 된다. 이 밖에도 거래비용이 충분히 낮지 않거나, 할당 기업들에 대한 별도의 규제, 그중에서도 차별적 규제가 이루어질 경우 배출권거래제의 비용 효과성

가격 수용자: 가격에 영향을 줄 수 없고 시장에서 결정된 가격에 따라 소비와 생산을 결정하는 경제 주체를 의미한다. 완전경쟁시장에서는 개별 소비자와 생산자는 시장가격에 영향을 미치지 못하기 때문에 모두 가격 수용자가 된다(KDI 경제정보센터 홈페이지).

가격 책정자: 시장참여자 가운데 자신의 소비량이나 생산량을 조절함으로써 시장가격에 영향을 줄 수 있는 경제 주체를 의미한다. 예를 들어, 독점시장의 단독 생산자는 자신의 생산량을 줄임으로써 시장의 가격을 인상시킬 수 있다.

을 달성하기 어렵게 된다(심성희 2012).

제도 도입 사례

전 세계에서 배출권거래제를 최초로 도입한 곳은 유럽연합(EU)이다. EU는 제1장에서 소개한 교토의정서의 교토 메커니즘의 일환으로 2005년에 배출권거래제(EU-ETS)를 도입하였다. 2007년까지의 제1기를 거쳐 현재는 제4기(2021~2030년)를 운용 중에 있다. EU에서는 배출권거래제를 통해 1990년을 기준으로 2020년까지 20%, 2050년까지 80~95%의 온실가스 감축을 목표로 설정하였다. 2021년에는 2030년까지 1990년 대비 55%의 온실가스를 감축하는 'Fit for 55•'를 발표하기도 하였다. 또한 2023년에는 ETS 지침 개정을 통해 2030년까지 2005년 대비 온실가스를 62% 감축하기로 하였다(EC 홈페이지). EU-ETS는 EU 전체에서 배출되는 온실가스의 38%에 대하여 적용되고 있으며, 여기에는 11,000개 이상의 발전소 및 에너지를 많이 사용하는 기업, 역내·외로 드나드는 상업용 항공회사 등이 광범위하게 포함되어 있다(권오상 2022: 225). 최근에는 기

Fit for 55: 유럽연합(EU)의 집행위원회가 2021년 7월 14일에 발표한 정책패키지 입법안이다. 2030년까지 1990년 대비 온실가스 배출량을 55% 감축할 것을 목표로 EU-ETS와 탄소국경조정제도(CBAM)를 포함한 다양한 탄소감축 정책에 대하여 법령을 개정하거나 제정하는 내용을 담고 있다.

존에 EU-ETS 범위에 포함되지 않았던 도로수송 및 건물 부문 등에 대한 배출권거래제(EU-ETS Part 2)도 준비하고 있으며, 2027에 완전하게 적용할 계획이다(EC 홈페이지).

배출권거래제를 도입한 곳에서는 초기 배출권은 대부분 무상 할당으로 시작한다. EU-ETS도 처음에는 무상 할당으로 시작하였으나, 2013년부터 점차 경매를 통한 유상 할당으로 전환되어 2023년에는 무상 할당 비율이 43%까지 낮아졌다(권오성 2022: 225; World Bank Carbon Pricing Dashboard). EU에서는 2023년에 탄소국경조정제도를 도입하면서 역외 수출국과의 차별을 막기 위해 2034년까지 무상 할당을 폐지할 계획이다. 무상 할당은 제도를 도입할 때 오염원들의 비용 부담을 덜어 주기 때문에 정책 수용성을 높이는 좋은 기제가 되기도 하지만, 이와 동시에 탄소 누출(carbon leakage)•에 대한 고려도 반영된 측면이 있다. 기업들은 자신들의 생산시설이 위치한 지역에서 환경규제를 비롯하여 세금이나 고용조건 등 제도적 비용압박 요인의 강도가 높아질 경우 그러한 규제가 약한 지역으로 생산시설을 이전시켜 비용을 낮추려는 유인을 가지게 된다(그림

탄소 누출: 온실가스 배출규제가 있는 국가의 배출량 감소가 유사 규제가 없는 국가에서 배출량 증가를 초래하는 현상을 의미한다(박효민 2022: 228).

|그림 13| 탄소 누출 개념도

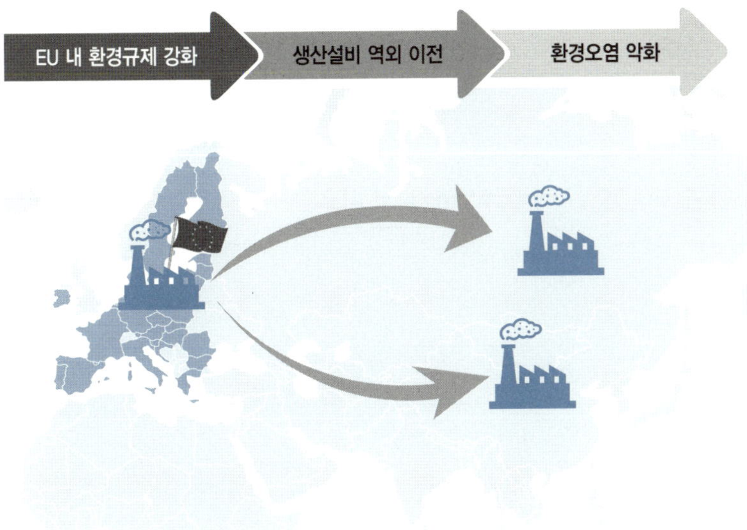

자료: SOVAC(https://socialvalueconnect.com/contents/1308.do).

13 참조). 온실가스에 대한 규제도 마찬가지이며, 이러한 기업의 대응 행태를 막기 위해 EU-ETS에서는 탄소 누출 위험이 큰 산업에 대해서는 예외적으로 배출권을 100% 무상 할당하고 있다.

EU-ETS를 시작으로 세계적으로 온실가스에 대한 배출권거래제가 계속 도입되어 현재는 총 36곳에서 시행되고 있다(표 4, 그림 14 참조). 표 4를 보면, EU-ETS가 도입된 이후 거의 매년 새로운 배출권

|표 4| 전 세계에서 운용되는 배출권거래제 목록(2024년 4월 기준)

제도명	도입 연도	제도 단위	배출권 가격 (2024. 4. 1. 기준)	적용 범위*
EU ETS	2005	범국가	US$61.30 (€57.03)	38%
Alberta TIER	2007	국가 내 지방(주/도)	US$58.95 (CAN$80)	62%
Switzerland ETS	2008	국가	US$59.17 (€55.05)	12%
NewZealand ETS	2008	국가	US$35.11 (NZ$59)	48%
RGGI	2009	국가 내 지방(주/도)	US$17.64 (US$17.64)	14%
Tokyo CaT	2010	국가 내 지방(도시)	US$36.92 (JPY5,600)	18%
Saitama ETS	2011	국가 내 지방(도시)	US$0.95 (JPY144)	18%
California CaT	2012	국가 내 지방(주/도)	US$38.59 (US$38.59)	76%
Quebec CaT	2013	국가 내 지방(주/도)	US$38.59 (US$38.59)	79%
Kazakhstan ETS	2013	국가	US$1.06 (KZT473)	47%
Shenzhen pilot ETS	2013	국가 내 지방(도시)	US$8.96 (RMB64.80)	30%
Shanghai pilot ETS	2013	국가 내 지방(도시)	US$10.06 (RMB72.80)	36%
Beijing pilot ETS	2013	국가 내 지방(도시)	US$14.51 (RMB105)	24%
Guangdong pilot ETS	2013	국가 내 지방(주/도)	US$8.94 (RMB64.68)	40%
Tianjin pilot ETS	2013	국가 내 지방(도시)	US$4.71 (RMB34.07)	35%
Hubei pilot ETS	2014	국가 내 지방(주/도)	US$5.62 (RMB40.65)	27%
Chongqing pilot ETS	2014	국가 내 지방(도시)	US$5.99 (RMB43.33)	51%
Korea ETS	2015	국가	US$6.30 (KRW8,490)	89%
BC OBPS	2016	국가 내 지방(주/도)	US$58.95 (CAN$80)	N/A

|표 4| **계속**

제도명	도입 연도	제도 단위	배출권 가격 (2024. 4. 1. 기준)	적용 범위*
Fujian pilot ETS	2016	국가 내 지방(주/도)	US$3.75 (RMB27.11)	51%
Massachusetts ETS	2018	국가 내 지방(주/도)	US$2.25 (US$2.25)	9%
Canada federal OBPS	2019	국가	US$58.95 (CAN$80)	1%
Newfoundland and Labrador PSS	2019	국가 내 지방(주/도)	US$58.95 (CAN$80)	38%
Nova Scotia OBPS	2019	국가 내 지방(주/도)	US$18.95 (CAN$25.72)	87%
Saskatchewan OBPS	2019	국가 내 지방(주/도)	US$58.95 (CAN$80)	43%
Mexico pilot ETS	2020	국가	Not available	40%
China national ETS	2021	국가	US$12.57 (RMB90.97)	32%
New Brunswick OBPS	2021	국가 내 지방(주/도)	US$58.95 (CAN$80)	52%
Germany ETS	2021	국가	US$48.37 (€45)	39%
UK ETS	2021	국가	US$45.06 (£35.86)	28%
Ontario EPS	2022	국가 내 지방(주/도)	US$58.95 (CAN$80)	26%
Montenegro ETS	2022	국가	US$25.80 (€24)	43%
Austria ETS	2022	국가	US$48.37 (€45)	40%
Australia Safeguard Mechanism	2023	국가	US$21.90 (A$33.75)	26%
Washington CCA	2023	국가 내 지방(주/도)	US$25.75 (US$25.75)	70%
Indonesia ETS	2023	국가	US$0.61 (IDR9,754.20)	26%

주: * 적용 범위는 제도가 적용되는 단위(국가, 지역 등)에서 배출되는 온실가스 중 제도의 대상이 되는 배출량의 비중을 의미함. N/A는 Not available을 의미함.

자료: World Bank(https://carbonpricingdashboard.worldbank.org/compliance/instrument-detail) 자료를 이용하여 저자 작성.

|그림 14| **배출권거래제 도입 현황(2024년 4월 기준)**

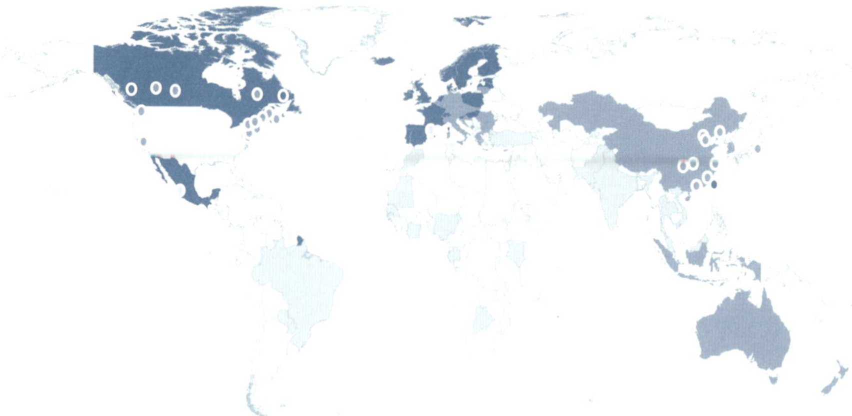

■ 탄소세, ETS 모두 시행 ■ ETS 시행 ■ ETS 고려 · 개발 중

주: 지도상에서 ■색은 배출권거래제와 탄소세를 함께 도입한 지역, ■색은 배출권거래제만 도입한 지역, ■색은 배출권거래제의 도입을 검토하는 지역을 각각 의미함.

자료: World Bank(https://carbonpricingdashboard.worldbank.org/compliance/instrument-detail).

거래제가 도입되고 있음을 확인할 수 있다. 범국가적으로 운용되는 EU-ETS를 비롯하여 국가 단위의 ETS가 13개, 국가 내 지방 단위의 ETS가 22개이다. 이 중 8개는 중국의 지역별 ETS이며, 중국에서 지역별 ETS를 국가 단위 ETS로 통합하고 있는 것을 감안하면, 실제로는 28곳에서 배출권거래제를 운용한다고 생각할 수 있다. 대륙별로는 유럽 및 중앙아시아 7개, 북중미 14개, 동아시아 15개가 운용되고 있다. 배출권의 가격은 계속 변동하기는 하나 2024

년 4월 1일 기준으로 EU-ETS에서 61.3USD로 가장 높게 가격이 형성되어 있으며, 가격이 낮은 곳은 1USD가 채 되지 않고 있다.

한국의 배출권거래제

한국은 EU에서 배출권거래제를 도입한 지 10년이 지난 2015년에 배출권거래제를 도입하였다. 2012년 5월, 「저탄소 녹색성장기본법」 제46조에 의거하여 「온실가스 배출권의 할당 및 거래에 관한 법률」(이하 「배출권거래법」)이 제정되었으며, 이를 근거로 2015년 1월부터 배출권거래제(K-ETS)가 시행되었다. 배출권 할당 대상은 연평균 온실가스 배출량이 125,000tCO_2e 이상인 업체 및 연평균 온실가스 배출량이 25,000tCO_2e 이상인 사업장을 하나 이상 보유한 업체들이다. 이보다는 낮은 수준의 다배출 업체나 사업장은 온실가스 목표관리제라는 직접 규제의 통제를 받는다. 온실가스 목표관리제 적용 대상은 업체 기준으로 50,000tCO_2e 이상 배출하거나 사업장 기준으로 15,000tCO_2e 이상 배출하는 사업장을 보유한 업체이다(한국에너지공단 홈페이지). 2024년 4월 기준 World Bank Carbon Pricing Dashboard에 따르면 K-ETS의 적용 범위는 전체 온실가스 배출량의 89%에 이르는 것으로 나타나 있다. 다만 이러한 수치는 산정 기준을 어떻게 하느냐에 따라 차이가 나기도 하여 기관별로 서로 다른 수치가 제시되기도 한다. K-ETS는 대체로 국가 전체 온실가스 배출량의 70% 남짓을 적용 범위로 하는 것으로 알려져 있다(윤여창 2023).

2015년부터 2017년까지의 제1기 계획 기간을 시작으로 현재는 제3기 계획 기간을 운영하고 있으며, 제4기 계획 기간 운영계획을 2024년 말까지 수립할 예정이다. 각 계획 기간별 제도 운영에서의 특징은 표 5와 같이 정리된다. 계획 기간별로 여러 가지 차이가 있지만 가장 두드러지는 차이는 유상 할당의 비율과 할당 방식이다. 제1기에서는 도입 초기 정책 수용성 등을 고려하여 100% 무상 할당으로 배출권을 배분하였고, 제2기부터 점증적으로 유상 할당 비율을 높이고 있다. 사실 이론적으로는 기업의 배출 감축량에 대한 의사결정은 한계저감비용을 기준으로 이루어지며, 따라서 할당 방식을 유상으로 하든 무상으로 하든 최종적인 저감

|표 5| K-ETS 계획 기간별 운영 방침

구분	제1기(2015~2017년)	제2기(2018~2020년)	제3기(2021~2025년)
목표	경험 축적 및 거래제 안착	상당 수준의 온실가스 감축	적극적인 온실가스 감축
제도 운영	• 상쇄 인정 범위 등 제도의 유연성 제고 • 정확한 MRV 집행을 위한 인프라 구축	• 거래제 범위 확대 및 목표 상향 조정 • 배출량 보고·검증 등 각종 기준 고도화	• 신기후체제 대비 자발적 감축 유도 • 제3자 거래제 참여 등 유동성 공급 확대
할당 방식	• 전량 무상 할당 • 목표관리제 경험 활용	• 무상: 97%, 유상: 3% • 할당 방식 선진화 (BM 할당 등)	• 무상: 90%, 유상: 10% • 선진적 할당 방식 정착
할당량	대상 업체 592개/ 최종 16억 86백만 톤	대상 업체 641개/ 사전 16억 43백만 톤	대상 업체 684개/ 사전 29억 2백만 톤

자료: 한국환경공단(www.keco.or.kr).

량에는 영향을 미치지 않는다. 그럼에도 불구하고 유상 할당으로의 전환이 요구되는 것은 원인자 부담원칙(polluters pay principle: PPP)•에 입각하여 초기 할당량부터 비용을 지불해야 형평성에 맞다는 이유가 크다. 또한 유상 할당에서 발생하는 경매수입을 정부가 탄소 저감 활동에 적절히 활용할 경우 탈탄소화를 가속할 수 있다는 장점도 있다. 다만 이러한 세수 재활용의 장점은 정부가 경매수입을 적재적소에 활용한다는 전제가 만족되어야 한다. 한편, 정책실무자들 사이에서는 전체 배출에 대한 비용에 직면해야 기업들이 적극적으로 저감 노력을 기울일

원인자 부담원칙: 특정한 비용이 발생하게 된 원인을 제공한 사람에게 그 비용을 지불하게 하는 것을 의미한다. 본문의 경우, 기후변화에 대응하기 위해 온실가스를 감축하는 데 비용이 발생하는 상황이며, 이때 온실가스를 감축하는 비용을 이 비용의 원인을 제공한 온실가스를 배출한 오염원이 부담해야 한다는 것이다.

것이라는 인식이 팽배해 있다. 즉, 한계비용이 아닌 평균비용에 따라 기업이 행태를 바꾼다는 생각인데, 이는 적어도 이론적으로 설득력이 약하며, 실증적으로도 아직까지 이를 뒷받침할 증거는 나타나지 않고 있다.

할당 방식과 관련해서는 무상 할당이냐 유상 할당이냐의 선택도 민감한 이슈지만, 무상 할당을 할 경우 어떤 방법으로 할당하느냐 또한 민감한 이슈이다. 가장 쉽게는 전체 할당량을 일정 개수 업체에 1/n로 나누어 주는 것을 생각해 볼 수 있다. 그러나 이는 업체의 규모가 천차만별이라는 점에서 합리적으로 보이지 않는다. 물론 앞서 초기 할당량을 어떻게 가져가도 시장 메커니즘에 의해 시장 전체의 배출저감비용을 최소화하는 결과를 기대할 수 있다고 설명하였다. 그렇지만 유상 할당 방법에 따라 개별 업체에서 지불해야 하는 비용이 크게 달라지게 되며, 이는 시장참여자들의 정책 수용성으로 연결되기 때문에 형평성과 합리성을 고려하지 않을 수 없다.

다음으로 생각해 볼 수 있는 할당 방식은 업체별 기존 배출량에 비례해서 할당해 주는 것이다. 이러한 할당 방법을 그랜드파더링(Grandfathering: GF) 방식이라 부른다. 이 방법은 직관적이고 단순명료하기는 하지만 미리부터 온실가스 감축 노력을 해 온 할당업체에는 더 적은 배출권을 할당하여 적극적으로 온실가스를 감축한 업체가 손해 볼 수 있다는 결정적인 문제점을 가지고 있다. 이러한 문제를 보완하기 위한 할당 방법으로 벤치마크(Benchmark: BM) 방식이 등장하였다. BM 방식은 특정 수준 이상의 기술을 적용할 경우 예상되는 배출량을 기준으로 하여 배출 효율이 좋은 업체에 배출권을 보다 많이 할당해 주는 방식이다. 해당 방식은 온실가스를 적게 배출하는 업체에 혜택을 줌으로써 온실가스 감축에 대한 인센티브를 제공하는 장점을 가진다. 다만 BM 방식은 적용 기준의 마련, 제품별 활동 자료의 수집 및 분석 관리체계 구축의 어려움, 제도 운영 및 관리의 복잡성 등으로 실무적으로 성공적인 제도 정착에 많은 시간과 행정비용이 수반되는 단점도 있다(김길환·심성희 2017: 50).

EU-ETS와 마찬가지로 K-ETS에서도 동일한 기준에서 탄소 누출이 우려되는 업종 및 업체에 대해서는 배출권을 전량 무상 할당하고 있다. 제2기에는 무역집약도가 30% 이상인 업종, 생산비용 발생도가 30% 이상인 업종 및 무역집약도가 10% 이상이면서 동시에 생산비용 발생도가 5% 이상인 업종이 되었다. 제3기에는 2020년 8월 「온실가스 배출권 할당 및 거래에 관한 법률 시행령」이 전부 개정되면서 '비용 발생도와 무역집약도를 곱한 값이 0.2% 이상인 업체'로 변경되었다. 기준 변경에 따라 유상할당 대상 업종이 제2기 26개에서 제3기에는 40개로 확대되었다(법무법인 세종 2020: 2).

한편, 배출권거래제에서는 배출권 제출 부담을 완화할 수 있도록 유연성 기제를 두고 있는데, 여기에는 이월(banking), 차입(borrowing), 상쇄 등의 제도가 있다. 이월제도는 보유한 배출권이 실제 배출량보다 더 많은 경우 할당 대상 업체가 이를 시장에 판

무상 할당의 기준이 되는 비용 발생도와 무역집약도의 정의

비용 발생도 = (해당 업종의 기준 기간 연평균 온실가스 배출량 × 기준 기간의 배출권 평균 시장가격) ÷ 해당 업종의 기준 기간 연평균 부가가치 생산액

무역집약도 = (해당 업종의 기준 기간 연평균 수출액 + 해당 업종의 기준 기간 연평균 수입액) ÷ (해당 업종의 기준 기간 연평균 매출액 + 해당 업종의 기준 기간 연평균 수입액)

매하지 않고 내부적으로 보관하는 일종의 '저축' 행위를 인정해 주는 제도이다. 국가 온실가스 감축을 위해서는 당해연도 배출권의 유효 기간을 그해에만 인정하여 남은 배출권은 폐기시키는 것이 좋을 것이다. 그러나 기업의 입장에서는 중장기적인 온실가스 감축 과정에서 동태적(dynamic)으로 최적화된 의사결정을 통해 비용을 최소화하고자 할 것이므로 감축 과정에서 발생할 수 있는 불확실성 등에 대비할 수 있다면 더 유리하다. 국가 온실가스 감축 목표를 위해 배출권 시장에 할당되는 배출권 총공급량은 갈수록 줄어들게 설계된다. 즉, 할당 대상 업체 입장에서는 시간이 지날수록 온실가스 감축의 난이도가 더 높아지기에 일부 배출권을 계획 기간 초기에 저축하여 보유하고 있다가 나중에 요긴하게 쓸 수 있다면 기업 활동에 도움이 될 수 있다. 이러한 점을 배려해 주는 제도가 이월이다. 차입은 이월과 반대되는 것으로 배출권이 부족할 때 계획 기간 내 다른 이행연도에 할당받을 배출권을 미리 당겨 쓸 수 있는 제도이다.

한국의 배출권거래제에서는 이월과 차입을 제한적으로 허용하고 있다. 이월과 차입으로 시장에서의 판매와 구입이 원활하게 이루어지지 않는 유동성 부족 현상 때문이었다. 이월은 배출권 시장의 공급을 저해하는 요소로 작용할 수 있고, 차입은 배출권 시장의 수요를 억제하는 효과를 낼 수 있다. 따라서 이월은 초과수요를 유발하여 배출권 가격을 상승시킬 수 있으며, 차입은 초과공급을 유발하여 배출권 가격을 하락시키는 역할을 할 수 있다. 이에 따라 2017년부터 할당량에 따라 이월을 제한하였으며, 2019년부터는 배출권 시장에서의 순매도량에 비례하여 이월 가능 수량을 제한하였다(윤여창 2023). 수량뿐만 아니라 이월 허용 기간도 다음 이행연도까지로 한도가 있다. 차입의 경우, 제1차 계획 기간에는 제출하는 배출권의 20%, 제2차 계획 기간에는 10%로 제한하였으며, 제3차 계획 기간에는 1차 이행연도 15%, 2차 이행연도부터는 별도의 산식에 의해 허용량을 제한하고 있다. 기간상으로도 제한이 있어 계획 기간 내에서만 허용된다.

외부 사업: 배출권거래제 할당 대상 업체 조직경계 외부의 배출시설이나 배출 활동에 대하여 온실가스 감축, 흡수 또는 제거하는 사업을 의미한다.

상쇄제도에서는 특정 사업자가 외부 사업•을 통하여 온실가스를 감축할 경우 KOC(Korean Offset Credit)라는 인증실적을 발행한다. 거래제 시장의 할당 대상 업체들은 외부 사업자로부터 이 KOC를

|그림 15| **외부 사업 인증실적(KOC)의 상쇄배출권(KCU) 전환 절차**

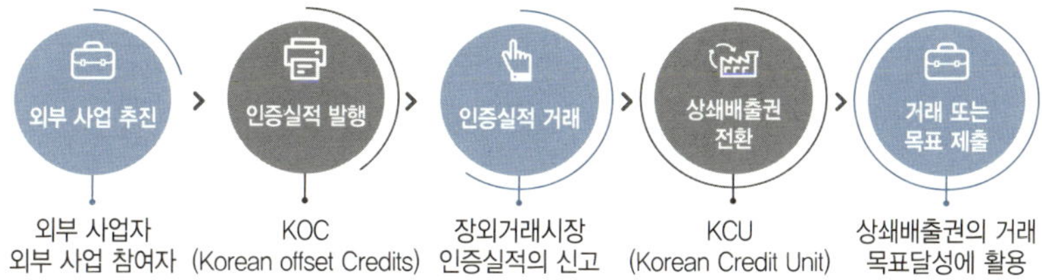

자료: 한국에너지공단(https://offset.energy.or.kr/offsetsystem/summary.do).

구매할 수도 있고, 업체가 직접 외부 사업을 통해 KOC를 할당받을 수도 있다. 이렇게 확보한 KOC는 시장에서 상쇄배출권(Korean Credit Unit: KCU)으로 전환할 수 있으며, 이 KCU도 배출권 거래시장에서 배출권으로 인정받는다. 이는 정부가 할당 대상 업체들에게 부여하는 할당배출권(Korean Allowance Unit: KAU)과 함께 시장에서 거래되는 배출권이다. 다만 KCU를 무한정 사용할 수는 없으며, 현재 제3기 계획 기간에는 제출해야 하는 배출권 수량의 5% 이내에서 활용할 수 있다.

한국 배출권거래제의 유연성 기재는 여러 가지 이유에 의해 상술한 바와 같이 운용되고 있지만 여전히 개선의 필요성이 제기되고 있다. 유연성 기재 중 가장 비판의 대상이 되는 제도는 바로 이월 제한제도이다. 현재 이월을 제한하는 것은 이월에 따른 유동성 부족과 가격 급등을 통제하고자 하는 목적이 크다. 그렇지만 한국 배출권 가격은 그림 16에서 보는 것처럼 급등을 우려해야 할 상황이 아니라 급락을 우려해야 하는 상황이다. 이월 제한으로 인해 배출권들의 유효 기간이 끝나는 해당 이행연도 다음 해 여름에 가격이 급락하는 현상이 반복적으로 나타날 수 있다(배경은 외 2022; 윤여창 2023). 또한 2026년부터 시작되는 제4차 계획 기간에는 배출권 총공급량이 급격하게 축소될 예정으로 이는 기업에 상당한 부담이 될 전망이다. 이러한 상황에서 이월제도가 잘 활용된다면 기업의 부담이 분산될 수 있다는 점에서 이월 제한은 완화할 필요성이 제기된다. 이월 제한을 완화함에 따라 우려되는 가격 급등은 시장안정화 제도를 보다 명확하게 함으로써 보완할 수 있을 것으로 기대된다(윤여창 2023). 최근 정부는 잉여 업체에 각 이행연도 순 매도량의 3배까지 이월을 허용하며, 부족 업체의 경우 부족량보다 추가 매수한 수량은 전량 이월을 허용하는 방향으로 이월 제한을 완화하기로 결정하였다(관계부처 합동 2023). 다만 이 정도의 이월 제한 수준이 적정한지에 대해서는 앞으로 시장의 반응을 지켜보아야 할 것이다.

한국의 배출권거래제에 대한 내용을 마무리하기에 앞서 한 가지 강조하고자 하는 부분이 있다. 한국 배출권의 적정 가격은 얼마일까? 이 질문에 대해 많은 사람들이 오해를 하고 있는 것 같아 추가 설명을 하고 마치고자 한다. 많은 사람들이 K-ETS의 가격이 현재 1만 원 내외에 머물고 있는 것을 정책 실패로 지적하면서 EU-ETS의 가격을 시금석처럼 언급한다. 그렇다면 EU-ETS의 배출권 가격은 과연 한국이 지향해야 할 가격일까? 배출권거래제가 전 세계적으로 단일화되어 운용된다면 가격도 하나로 결정될 것이다. 그렇지만 현재 운용되는 전 세계의 다양한 배출권거래제는 하나로 연계되어 있지도 않고, 각 제도가 연도별로 목표하는 온실가스 감축 수준도 다르다. 따라서 각기 운용되는 배출권거래제의 계획연도별 배출권 균형가격도 일률적일 수 없다. 만약 한국의 배출권거래제에서는 EU-ETS의 배출권 가격보다 낮은 수준에서 정부의 목표대로 할당 대상 업체들이 온실가스 감축 활동을 하게 된다면 굳이 EU-ETS만큼 배출권 가격이 올라야 할 이유는 없다. 반대로 EU-ETS의 배출권 가격 수준으로도 배출권거래제에서 목표한 온실가스 감축량을 달성할 수 없다면 한국의 배출권 가격은 EU-ETS에서보다 더 높게 형성되어야 할 것이다.

이러한 이해 없이 각기 다른 배출권거래제의 가격을 비교하면서 한국 배출권 가격을 평가하는 것은 자칫 현황에 대한 잘못된 해석 내지는 해결책에 대한 잘못된 방향성을 가질 수 있기 때문에 주의해야 한다. 한국의 배출권거래제를 다룬 자료들을 보

|그림 16| **EU-ETS와 K-ETS 배출권 가격 추이(2015. 1. 12~2024. 7. 10)**

(단위: USD)

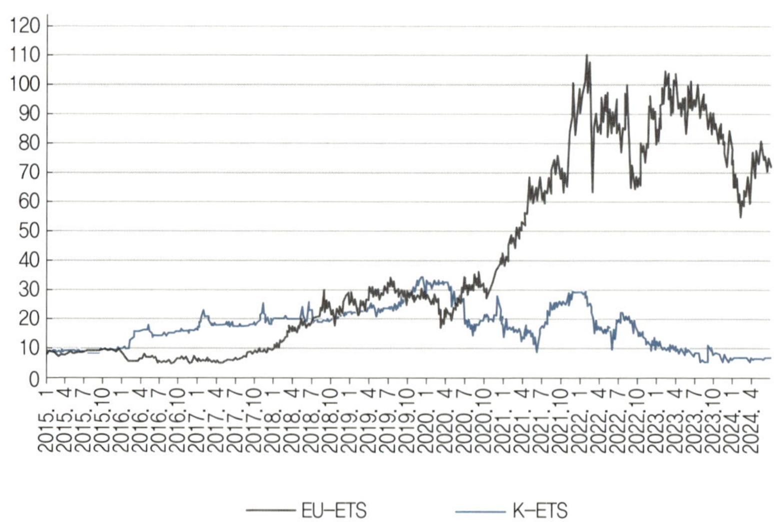

자료: ICAP data(https://icapcarbonaction.com/en/ets-prices)를 이용하여 저자 작성.

면 그림 16과 같은 배출권 가격을 비교하는 그래프가 종종 등장한다. 물론 이러한 비교가 의미 없는 것은 아니다. 예를 들어, 배출권 가격이 높다는 것은 그 시장에서 시장참여자들이 체감하는 배출권의 가치가 높다. 즉, 온실가스를 필요한 만큼 배출하기 어려운 여건임을 보여 준다. 반면 배출권 가격이 낮다는 것은 굳이 배출권을 거래하지 않더라도 업체에 요구되는 배출량 한도 목표를 달성하는 데 큰 어려움이 없는 기업 활동 환경이라고 볼 수 있다. 그러한 점에서 볼 때 최근 K-ETS 배출권 가격이 최초 도입 당시인 2015년보다 더 낮은 수준에서 형성되고 있다는 것은 배출권거래제 제도의 설정이 적절한지에 대한 고민이 필요함을 보여 주는 부분이라 할 수 있다. 다만 그림 16을 보고 K-ETS 배출권 가격이 EU-ETS보다 낮으니 탄소가격이 제대로 반영되지 않았다거나 EU-ETS에 맞추어야 한다는 식의 판단은 시장 메커니즘과 EU 및 한국의 정책 여건 등을 먼저 이해하고 논의해야 할 것이다.

3

탄소세

제도 개요

탄소세는 명시적으로 온실가스 배출량에 대하여 부과되는 세금을 의미한다. 따라서 탄소세는 통상적으로 과세표준(tax base)• 으로 이산화탄소 톤으로 환산된 온실가스 배출량이 되며, 과세 대상이 되는 항목에 대하여 단위 온실가스 배출량당 세율을 정하여 종량세 형태로 부과하게 된다. 제1장에서도 다루었던바, 기존 에너지세의 세율이 온실가스 배출량 기준으로 환산이 가능하다는 점에서 OECD에서는 실효탄소가격에 포함시키지만, 이러한 에너지세를 탄소세라고 부르지는 않는다. 즉, 실질적으로 탄소에 대한 세금의 역할을 하느냐의 여부와는 별개로 명시적으로 과세표준과 세율이 온실가스 배출량을 기준으로 설정되어야 탄소세로 분류되는 것이 일반적이다. 탄소세를 별도의 독립 세목으로 운용할 경우 자율적인 제도설계가 가능하고 세제 방향을 전환하는 효과 등을 기대할 수 있다. 그렇지만 기존 에너지세제와의 이중과세 문제가 있고, 이러한 중복성을 피하도록 설계하다 보면 복잡성이 증가한다. 또한 새로운 세금의 도입에

과세표준: 세금을 부과하는 기준을 의미한다. 부담할 세금 금액(세액)은 과세표준에 정해진 세율을 곱하여 산출된다.

따라 납세자의 수용성이 떨어질 우려도 존재한다 (전병목 외 2012).

제2장에서 배출권거래제의 비용 효과성을 설명한 것과 마찬가지로 탄소세도 비용 효과성을 가지고 있음을 살펴보자. 비용 효과성의 핵심은 모든 시장참여자들의 의사결정 결과가 등한계원칙을 만족하느냐에 있다. 그림 17처럼 시장참여자로 오염원 둘(오염원 A, 오염원 B)이 있다고 하자. 각 오염원의 한계저감비용을 각각 MAC_A, MAC_B라 한다면, 해당 비용은 일반적으로 오염원의 배출량이 줄어들수록 점증적으로 증가하며, 이를 그림으로 표현하면 원점에 대하여 볼록한 곡선으로 표현할 수 있다. 이를 직관적으로 설명하자면, 오염물질 배출량이 많을 때 한 단위 줄이는 것은 크게 어렵지 않으나 이미 배출량을 많이 줄인 상태에서 추가적으로 한 단위를 더 줄이려면 이전보다는 더 많은 노력을 기울여야만 가능하다는 의미이다.

이때 정부에서 τ_1만큼의 세율로 탄소세를 부과한다고 하면 각 오염원은 자신의 한계저감비용이 탄소세 세율과 같아질 때까지 온실가스를 배출하게 된다. 왜냐하면 오염원 A의 경우 $MAC_A > \tau_1$이면 지금보다 한 단위 온실가스를 더 배출하는 것이 경제적이며(MAC_A의 비용을 줄이는 대신 τ_1만큼의 세금을 내기 때문에 비용절감 효과가 더 큼), 반대로 $MAC_A < \tau_1$이면 지금보다 한 단위의 온실가스를 더 감축하는 것이 경제적(MAC_A의 비용을 지출하는 대신 τ_1만큼의 세금을 덜 내기 때문에 비용절감 효과가 더 큼)이기 때문이다. 이는 오염원 B에게도 동일하게 적용되며, 결국 각 오염원은 자신의 한계저감비용과 세율이 동일한 수준에서 온실가스를 배출하는 것으로 균형에 이르게 된다. 그 결과 균형에서 각 오염원의 한계저감비용은 탄소세 세율과 동일해져서 등한계원칙을 만족

|그림 17| **탄소세의 비용 효과성**

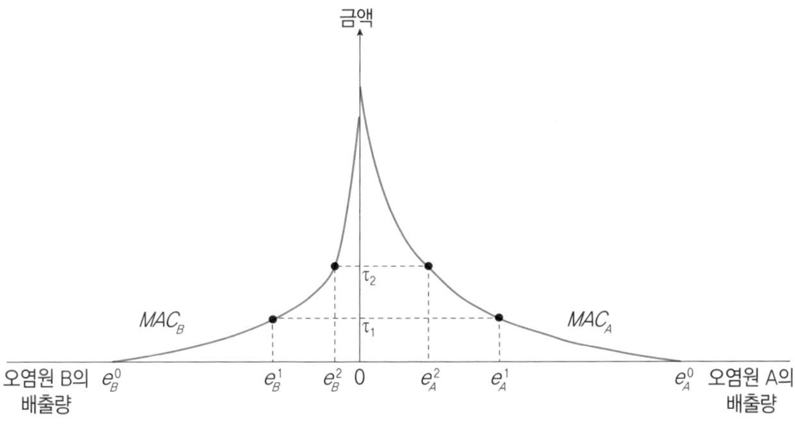

자료: 저자 작성.

하게 된다($MAC_A = \tau_1 = MAC_B$).

그렇다면 정부는 탄소세 세율을 어떻게 정하면 될까? 정부가 오염원들의 한계저감비용 정보를 모두 안다면 적정 세율을 바로 계산할 수 있겠지만, 이러한 정보가 없더라도 몇 차례의 세율 조정을 거치면 적정 세율을 결정할 수 있다. 예를 들어, 정부의 온실가스 배출량 관리 목표 수준이 T라고 한다면 우선 τ_1의 탄소세를 부과한 뒤 오염원들의 배출량을 확인한다. 이 경우 오염원들의 배출량($e_A^1 + e_B^1$)이 T보다 크면 세율을 τ_2로 인상하여 배출량($e_A^2 + e_B^2$)을 T와 비교하며 추가적인 조치 여부를 결정하면 된다.

이론적으로는 온실가스에 대한 한계피해(Marginal Damage: MD)•와 각 참여자들의 한계저감비용(MAC)을 포함한 모든 정보가 공유되고 있는 완전경쟁시장이라면 배출권거래제와 탄소세는 동일한 결과를 도출하게 된다. 경제적으로 사회후생을 극대화하는 균형점은 온실가스 한 단위를 추가로 배출할 때 발생하는 MD와 온실가스를 한 단위 추가로 감축할 때 소요되는 MAC가 동일한 수준에서 결정된다. 이때의 균형 배출량과 균형 한계저감비용을 각각 E^*,

한계피해: 오염물질 한 단위가 추가로 배출됨에 따라 발생하는 추가적인 피해액을 의미한다. 수학적으로는 총피해(특정한 양의 오염물질이 배출될 때 발생하는 총환경피해액)함수의 1계 도함수가 한계피해가 된다.

C^*라 하자. 정부가 배출권거래제를 운용한다면 정부가 총할당배출량을 E^*로 설정함으로써 거래시장에서 배출권 가격은 $P^*=C^*$로 균형에 도달하게 된다. 반대로 정부가 탄소세를 운용할 경우, 정부가 탄소세 세율을 $\tau^*=C^*$로 설정함으로써 모든 오염원의 총배출량은 E^*로 균형에 도달하게 된다. 두 제도에서 차이가 있다면 배출권거래제는 배출량(수량)을 통제하여 목표에 도달하고, 탄소세는 비용(가격)을 통제하여 목표에 도달한다는 점이다.

그러나 현실 세계에서는 모든 정보가 오염원들과 정부 사이에서 공유되지 않고 있다. 이에 따라 배출권거래제와 탄소세가 동일한 결과에 도달하지는 않으며, 각각 수량을 통제한다는 특성과 가격을 통제한다는 특성을 기초로 서로 다른 정책 결과를 가져오게 된다. 일반적인 탄소세와 배출권거래제의 정책 특성을 비교하면 표 6과 같이 정리된다. 두 제도의 가장 두드러지는 차이는 통제 대상의 차이라 할 수 있다. 탄소세는 세율을 정부가 정하므로 온실가스 배출량에 대한 가격부과 수준을 정부가 원하는 대로 정할 수 있다는 장점이 있으나, 오염원들의 한계저감비용을 모르는 상황에서 온실가스 배출저감 효과는 다소 불확실하다. 반면 배출권거래제는 배출허용량을 정부에서 정하기 때문에 온실가스 배출 총량을 관리하는 것은 정부가 원하는 대로 정할 수 있다는 장점이 있다. 그러나 배출권의 가격은 거래시장의 특성이나 참여자들의 한계저감비용, 시장 여건에 따라 상당한 변동성을 가진다는 단점을 가

|표 6| **K-ETS 계획 기간별 운영 방침**

구분	탄소세	배출권거래제
경제적 효율성	• 온실가스 감축을 달성하는 데 발생하는 총저감비용을 줄이는 데 효과적	
기술개발 촉진	• 온실가스 감축과 관련된 신기술 도입 등 저감기술 개발 촉진	
형평성 및 배출자 부담	• 세수 환원 방법에 의해 결정 • 세수 활용 방법에 따라 배출자 부담 변화	• 배출권의 할당 방법과 경매수입의 환원 방법에 의해 참여자의 부담 변화
탄소가격의 불확실성	• 정부에서 결정한 세율이 그대로 탄소가격이 되므로 불확실성은 낮음	• 시장의 여건에 따라 배출권 가격이 변동하기 때문에 탄소가격의 불확실성은 상당히 높음
탄소가격 형평성 확보	• 세율의 적정 수준 결정이 어려워 탄소가격에 대한 형평성 확보가 어려움	• 시장 메커니즘에 의한 가격 형성으로 탄소가격 형평성 확보 용이
정책 수용성	• 조세저항이 있을 수 있고, 세수 활용 방법에 따라 배출자 부담의 차이가 클 수 있기에 특정 배출자들의 반대가 있을 수 있음 • 타 조세정책과의 조화 필요	• 배출권의 할당 방법과 전체 온실가스 감축 목표량의 수준에 대한 의견 수렴이 어렵기 때문에 정책 도입에 대한 산업계의 반대가 있을 수 있음
국제 연계	• 정부 간 협약을 통해서만 이루어질 수 있음	• 배출권거래제를 도입한 타 국가들과 연계 가능

자료: KRX 배출권 시장 정보플랫폼(https://ets.krx.co.kr/contents/ETS/07/07010000/ETS07010000.jsp)의 내용에 저자 추가 작성.

진다. 이러한 배출권 가격의 변동성은 기업 활동에 대한 의사결정에 상당한 장애로 작용한다.

특히, 불확실성이 존재할 때 두 제도의 차이가 크다. 경제학 이론에 따르면, 오염물질의 한계저감비용(MAC)과 한계피해(MD)곡선의 기울기에 따라 불확실성에 의한 두 제도의 후생손실 차이가 현저한 것으로 나타난다. 한계저감비용곡선의 기울기가 한계피해곡선보다 더 가파른 경우 수량을 제한하는 배출권거래제에서 사회후생 손실이 더 크며, 한계피해곡선이 한계저감비용곡선보다 더 가파른 경우에는 가격정책인 탄소세에서 사회후생의 손실이 더 크게 발생하는 것으로 알려져 있다(권오상 2022). 따라서 오염물질의 특성에 비추어 한계저감비용곡선과 한계피해곡선의 상대적인 기울기를 감안할 필요가 있다. 온실가스의 경우, 통상적으로 피해는 기후변화에 의해 점진적으로 나타나기 때문에 한계피해곡선은 완만한 데 반해, 온실가스를 저감하기 위해 현재 적용하는 각종 산업 기술이 대대적으로 개편되어야 하다 보니 한계저감비용곡선은 상대적으로 가파른 것으로 평가받고 있다. 이러한 점을 고려하여 많은 경제학자들이 온실가스 감축 수단으로 배출권거래제보다 탄소세를 지지하는 입장을 표명하고 있다. 대표적인 사례로, 2019년 1월에 *Wall Street Journal*에 발표된 "탄소세 배당에 대한 경제학자들의 성명"(Economists' Statement on Carbon Dividends)에서 27명의 노벨경제학상 수상자를 비롯한 3,500명 이상의 경제학자가 탄소세의 도입을 지지한 바 있다(Davis 2019; *Wall Street Journal* 홈페이지).

제도 도입 사례

탄소세는 1990년 1월에 핀란드에서 세계 최초로 도입되었다. 같은 해에 폴란드에서도 도입한 데 이어 1992년까지 노르웨이, 스웨덴, 덴마크에서 차례로 탄소세를 도입하였다. 2024년 4월 기준으로 탄소세는 세계적으로 총 39개 제도가 도입되었는데, 31개국에서 국가 단위 제도로, 8개는 국가 내 지방 단위의 세제로 도입되었다. 최근에는 지방 단위에서 도입하는 사례가 자주 나타나고 있는데, 2022년 이래 시행된 8개 탄소세 중 6개가 지방 단위의 탄소세제이다. 탄소세 도입 국가를 보면, 2000년대까지는 주로 유럽 국가들에서 도입하였지만, 2010년

|그림 18| **탄소세 도입 현황(2024년 4월 기준)**

주: 지도상에서 ■색은 배출권거래제와 탄소세를 함께 도입한 지역, ■색은 탄소세만 도입한 지역, ■색은 탄소세의 도입을 검토하는 지역을 각각 의미함.
자료: World Bank(https://carbonpricingdashboard.worldbank.org/compliance/instrument-detail).

대 이후로는 아시아, 중·남미 국가들 위주로 도입하고 있다.

탄소세와 배출권거래제는 상호 배타적인 정책 대안은 아니다. 즉, 탄소세와 배출권거래제를 함께 운용하는 국가들도 존재한다. 물론 두 제도 중 하나만을 운용하는 국가들도 여럿 존재한다. 다만 탄소세와 배출권거래제를 함께 운용하는 국가라 하더라도 온실가스 배출에 대해 중복적으로 비용을 지불하게 하는 것은 아니다. 대부분의 경우, 배출권거래제에 참여하는 부문에 대해서는 탄소세를 면제해 주거나 감면해 줌으로써 이중 부담을 배제하려 한다. 표 4에서 볼 수 있듯이 배출권거래제를 도입하더라도 국가 내 모든 온실가스 배출량이 배출권거래제의 관리 대상이 되는 것은 아니다. 배출권거래제의 적용 범위가 충분히 넓지 않은 경우, 배출권 할당과 무관한 부문에 대해서는 탄소세를 적용함으로써 온실가스 배출에 대한 비용지불을 보편화하려는 목적에서 두 제도를 함께 운용하는 선택을 할 수 있다.

일부 국가들은 배출권거래제의 제도적인 특성을 감안하여 탄소세로 배출권거래제의 한계를 보완하려는 목적으로 두 제도를 함께 운용하는 경우도 있다. 그 대표적인 사례가 영국이다. 영국은 EU에 속해 있을 때에는 EU-ETS에 참여하고 있었고, 브렉시트(Brexit)• 이후에는 영국 자체 배출권거래제인 UK-ETS를 운용하고 있다. 여기에 탄소세 성격의 과세제도인 탄소가격지지(Carbon Price Support: CPS)• 정책을 발전 부문에 추가로 적용하고 있다. 화석연료 발전원의 퇴출을 유도하는 데 일정 수준 이상의 탄소가격이 안정적으로 유지되어야만 발전 부문

브렉시트: EU 회원국 중 하나였던 영국이 EU에서 탈퇴한 사건을 의미하며, 영국(Britain)과 탈퇴(exit)의 합성어이다.

탄소가격지지: 영국에서 한시적으로 운용하는 제도로, 영국의 배출권거래제에서 배출권 가격이 영국 정부가 정해 놓은 기준 가격보다 더 떨어질 경우 기준 가격보다 떨어진 금액만큼 세금을 부과하는 정책을 말한다.

|표 7| 전 세계에서 운용되는 탄소세 목록(2024년 4월 기준)

제도명	도입 연도	제도 단위	탄소세 기본세율 (2024. 4. 1 기준)	적용 범위*
Finland carbon tax	1990	국가	US$99.99 (€93.02)	45%
Poland carbon tax	1990	국가	N/A	24%
Norway carbon tax	1991	국가	US$107.78 (NOK1,174)	65%
Sweden carbon tax	1991	국가	US$127.26 (SEK1,368.30)	40%
Denmark carbon tax	1992	국가	US$28.21 (DKR195.70)	48%
Slovenia Carbon tax	1996	국가	US$18.60 (€17.30)	46%
Estonia carbon tax	2000	국가	US$2.15(€2)	10%
Latvia carbon tax	2004	국가	US$16.12(€15)	2%
Switzerland carbon tax	2008	국가	US$132.12 (Sfr120)	35%
BC carbon tax	2008	국가 내 지방 (주/도)	US$58.95 (CAN$80)	80%
Liechtenstein carbon tax	2008	국가	US$132.12 (Sfr120)	72%
Albania Carbon tax	2008	국가	US$13.11 (ALL1,255.20)	73%
Iceland carbon tax	2010	국가	US$36.51 (ISK5,098)	36%
Ireland carbon tax	2010	국가	US$60.19 (€56)	34%
Ukraine carbon tax	2011	국가	US$0.77 (UAH30)	32%
Japan carbon tax	2012	국가	US$1.91 (JPY289)	80%
UK Carbon Price Support	2013	국가	US$22.62 (£18)	13%
France carbon tax	2014	국가	US$47.94 (€44.60)	40%
Mexico carbon tax	2014	국가	US$4.31 (MXN71.33)	29%
Spain carbon tax	2014	국가	US$16.12(€15)	2%
Portugal carbon tax	2015	국가	N/A	40%

|표 7| **계속**

제도명	도입 연도	제도 단위	탄소세 기본세율 (2024. 4. 1 기준)	적용 범위*
Chile carbon tax	2017	국가	US$5(US$5)	55%
Colombia carbon tax	2017	국가	US$6.68 (COP25,800)	20%
Zacatecas carbon tax	2017	국가	US$15.09 (MXN250)	50%
Argentina carbon tax	2018	국가	US$0.81 (ARS695.92)	38%
South Africa carbon tax	2019	국가	US$10.09 (R190)	82%
Singapore carbon tax	2019	국가	US$18.48 (S$25)	79%
Northwest Territories carbon tax	2019	국가 내 지방 (주/도)	US$58.95 (CAN$80)	76%
Canada federal fuel charge	2019	국가	US$58.95 (CAN$80)	31%
Netherlands carbon tax	2021	국가	US$71.48 (€66.50)	45%
Luxembourg carbon tax	2021	국가	US$49.91 (€46.43)	72%
Uruguay CO2 tax	2022	국가	US$167.17 (YUY6,373)	5%
Queretaro carbon tax	2022	국가 내 지방 (주/도)	US$36.70 (MXN607.99)	18%
State of Mexico carbon tax	2022	국가 내 지방 (주/도)	US$3.50 (MXN58)	47%
Yucatan carbon tax	2022	국가 내 지방 (주/도)	US$17.69 (MXN293.14)	32%
Guanajuato carbon tax	2023	국가 내 지방 (주/도)	US$2.72 (MXN45)	43%
Hungary Carbon tax	2023	국가	US$38.70(€36)	32%
Taiwan carbon fee	2024	국가 내 지방(주/도)	US$9.12(RMB66)	80%
Durango carbon tax	2024	국가 내 지방 (주/도)	US$6.04 (MXN100)	N/A

주: * 적용 범위는 제도가 적용되는 단위(국가, 지역 등)에서 배출되는 온실가스 중 제도의 대상이 되는 배출량의 비중을 의미함. N/A는 Not available을 의미함.
자료: World Bank(https://carbonpricingdashboard.worldbank.org/compliance/instrument-detail) 자료를 이용하여 저자 작성.

의 경제 주체들이 탈탄소화를 위한 의사결정을 원활하게 할 수 있다. 그렇지만 배출권거래제만 운용할 경우 배출권 가격의 변동성이 심해 발전 부문에서의 탈탄소화가 지연될 수 있다. 영국에서는 발전 부문에서의 원활한 탈탄소화 의사결정을 돕기 위해 탄소가격하한제(Carbon Price Floor: CPF)•를 도입하였다. 탄소가격하한제에서는 정부에서 설정한 가격 하한보다 배출권 가격이 낮아질 경우, 가격 하한과 배출권 가격 간의 차이만큼 CPS를 기후변화세(Climate Change Levy: CCL)•에 추가로 부과함으로써 온실가스 배출에 대한 비용을 가격 하한 이상으로 유지하게 된다(이동규 2021).

탄소세의 세율은 국가별로 다양하게 분포하고 있다. 우크라이나와 아르헨티나 같은 나라에서는 온실가스 이산화탄소 톤당 1USD도 안되는 세율이 적용되기도 하지만, 우루과이에서는 이산화탄소 톤당 167USD를 상회하는 세율이 적용된다. 그림 8에서 확인하였던 것처럼 전 세계의 탄소가격제도 중 이산화탄소 톤당 100USD를 넘는 최상위 가격이 적용되는 제도는 모두 탄소세이다. 배출권거래제 중 가장 높은 가격이 적용되는 사례는

탄소가격하한제: 가격하한제는 정부에서 특정 시장의 가격을 정해진 기준(가격 하한) 이상에서 유지하고자 기준보다 낮은 가격으로 거래하지 못하게 강제하는 규제정책이다. 탄소가격하한제는 영국에서 탄소가격이 정해진 기준(탄소가격 하한)보다 낮아질 경우 그 차액만큼 탄소가격지지세(CPS)를 부과함으로써 최종 가격이 정부에서 정한 가격 하한보다 낮아지지 않도록 유지하는 제도이다.

기후변화세: 영국에서 2001년에 도입한 제도로, 온실가스를 배출하는 산업계의 다양한 연료 소비에 대해 부과하는 세금이다. 기후변화세는 연료의 온실가스 배출기여도에 따라 차등 부과하지만 각 에너지 공급원의 탄소함유량에 정확히 부합하지는 않아서 엄밀한 의미에서 탄소세로 보기에는 한계가 있다(김범준 2010).

EU-ETS(61.3USD)로 우루과이의 탄소세율에 비해 절반 수준에 머물러 있다. 탄소세는 배출권거래제와는 다르게 가격(세율)이 정부의 정책 의지에 의해 결정되기 때문에 국가별로 탄소세율이 다양하게 설정되어 있는 것은 국가마다 탄소가격제도 및 탈탄소에 대한 정책 여건이나 정책 의지가 다름을 보여주는 것이라 할 수 있다.

세금제도는 국민의 저항에 직면하기 쉬운 정책 수단이다. 탄소세의 경우도 마찬가지이다. 호주에서는 2012년 탄소세를 도입하였지만 산업계와 소비자들의 반발에 직면하면서 2014년 폐지하였다. 프랑스의 경우, 유류세 세율을 높여 탄소가격을 순차적으로 인상할 계획이었으나 2018년에 세금인상에 반발한 시민들이 '노란 조끼 운동'(Mouvement des Gilets Jaunes)• 으로 불리는 대규모 시위를 벌이면서 결국 인상 계획을 철회하였다. 스위스에서는 2000년, 2015년에 각각 에너지세 도입에 대한 국민투표가 부결되었으며, 2021년에는 자동차 연료 추가 부담금과 항공권 과세제도 도입에 대한 국민투표가 부결되었다(배진수 2023: 38). 슬로베니아에서 1996년부터 운용해 오던 탄소세를 에너지가격 급등으로

노란 조끼 운동: 2018년 프랑스에서 시작된 대규모 시민저항시위이다. 당시 시민들이 단지 유류세의 인상만을 이유로 시위를 하였던 것은 아니다. 당시 프랑스 정부는 부유세를 인하하고 유류세 및 자동차세 인상을 골자로 한 세제개편을 추진하였고, 서민부담이 따르는 유류세는 인상하고 부자들은 감세하는 정책이 형평성을 악화시키는 부당함과 불만을 표현하면서 시위로 확대된 것이다(위키백과 홈페이지).

인해 2022년에 폐지하기도 하였다(World Bank 2023). 이처럼 탄소세를 도입하고 운용하는 것은 단순히 세금제도를 만들어서 시행하면 되는 순탄한 작업은 아니며, 사회와 경제에 미치는 효과를 광범위하게 파악하고 국민의 납세 순응(tax compliance)을 유도할 수 있도록 최대한 신중하게 설계해야 한다.

탄소세율과 관련하여 하나의 흥미로운 자료가 있다. 그림 19를 보면 평균실효탄소세율이 수평축이고 수직축은 GDP에서의 탄소집약도•를 나타낸다. OECD(2019)에서는 각국의 GDP상 탄소집약도와 평균실효탄소세율 간의 상관관계(correlation)•를 산포도(scatter plot)를 통해 직관적으로 살펴보았다. 혹자는 이를 인과관계(causality)•로 해석하여 탄소세를 강화할수록 국가 경제에서의 탄소집약도가 낮아진다(탄소 배출이 억제된다)고 해석하는 경우가 있는데, 이는 상관관계와 인과관계를 혼동하여 나타나는 현상이라 할 수 있다. 해당 산포도는 하나의 국가에서 탄소세 세율을 시간이 지남에 따라 다르게 부과하고, 그 결과로 탄소집약도가 변화한 것을 보여 주는 것이 아니라, 횡단면적으로 특정 시점에서 서로 다른 국가에서 서로 다른 탄소세율을 적용하

탄소집약도: 원 단위에 얼마나 많은 탄소가 배출되는지를 보여 주는 지표로 수식으로는 '탄소집약도=탄소배출량/관심 대상 원 단위'로 표현할 수 있다. 그림 19에서의 원 단위는 GDP이며, 따라서 GDP 1USD를 생산하는 데 이산화탄소가 몇 kg 발생하는지를 의미한다.

상관관계: 두 변수 간의 관련성을 말하며, 하나의 변수가 변할 때 다른 변수가 어떻게 변하는 경향이 있는지를 보여 주는 관계이다. 이러한 경향은 인과성을 의미하지는 않아 한 변수의 변화가 다른 변수의 변화에 원인이 된다고 단정할 수는 없다.

인과관계: 하나의 변수가 다른 변수의 변화에 원인이 되는 인과성을 말하며, 하나의 변수가 변화함에 따라 그로 인해 다른 변수가 변화하는 관계이다. 인과관계는 두 변수 간 인과성을 말하기 때문에 결과가 되는 변수를 바꾸기 위해서 원인이 되는 변수를 변화시켜야 한다는 주장이 가능해진다. 상관관계와 의미상의 차이를 구분하는 것이 중요하다.

|그림 19| **탄소세율과 탄소배출량 간 산포도**

(단위: 억 원, 명)

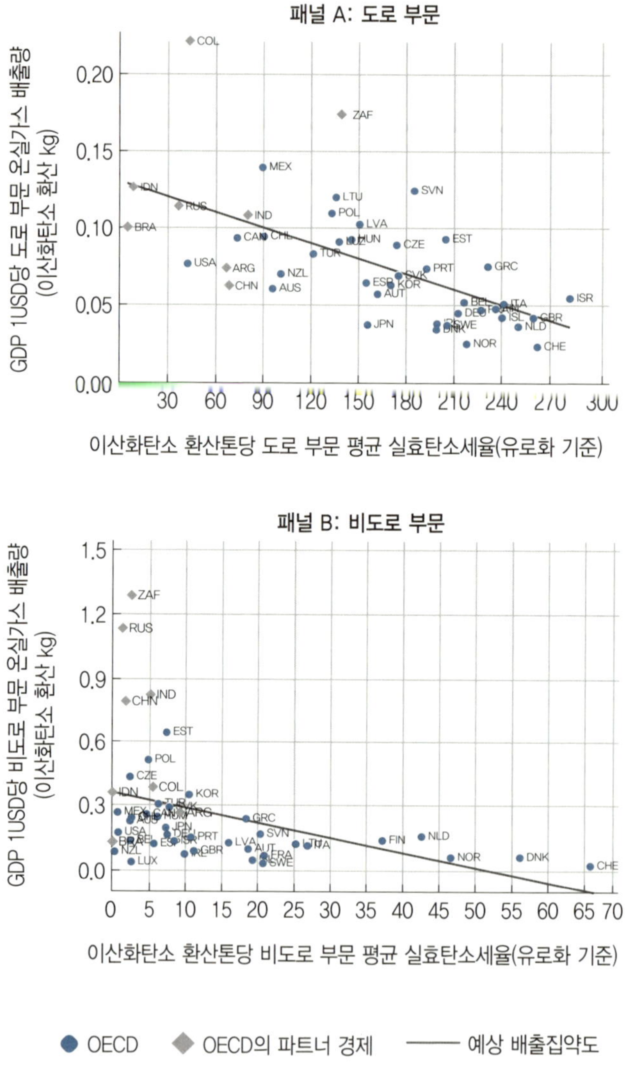

자료: OECD(2019: 23), Annex Figure 1.C.3.

고 있을 때 각국의 탄소집약도를 보여 주는 것이기 때문이다. 따라서 그림 19는 탄소집약도가 높은 국가에서 탄소세율을 낮게 가져가고 탄소집약도가 낮은 국가에서 주로 탄소세율을 높게 가져가는 경향을 보여 주는 것이다. 탄소집약도가 높은 국가에서는 탄소세율을 높게 설정할 경우 과세 대상의 세부담이 과도해지기 때문에 적당한 수준에서 부담을 부과하기 위해 세율을 낮게 가져갈 개연성이 높다고 볼 수 있다.

한국의 도입 논의

한국은 앞서 설명하였던 것과 같이 명시적인 탄소세를 도입하지 않고 있으나, 탄소세 도입은 국내에서도 오래된 논의 사항이다. 국회에서 발의된 탄소세 관련 법안만 보더라도 2013년부터 등장하였다. 제19대 국회에서 박원석 의원 등 12명의 국회의원이 기후정의세법안을 발의한 바 있으며(2013. 6. 28), 심상정 의원을 비롯한 29명의 국회의원이 탄소세법안을 발의하기도 하였다(2013. 7. 10). 당시 활발하게 논의되던 탄소가격 정책은 결국 2015년에 온실가스 배출권거래제를 도입하는 것으로 일단락되었다. 그 후 한동안 큰 논의가 없었던 탄소세 도입 이슈는 2020년 '2050 탄소중립' 선언과 함께 다시 한번 논의의 중심에 서게 된다. 정부에서 탄소중립 선언의 후속 조치로 '3+1 전략'을 발표하면서 탄소 가격 시그널을 강화하겠다고 명시하였기 때문이다(관계부처 합동 2020). 2021년에는 용혜인 의원 등 13인의 국회의원이 탄소세법안(2021. 3. 12)을, 장혜영 의원 등 11인의 국회의원이 교통·에너지·환경세법 전부개정법률안(2021. 7. 12)을 발의하였으며, 2022년에는 기동민 의원 등 15인의 국회의원이 탄소세 기본법안을 발의하였다(2022. 12. 26). 그렇지만 지금까지 발의된 탄소세 도입 법률안들은 모두 임기만료 폐기되었으며, 도입으로 이어지지는 않았다.

그렇다면 한국에서는 탄소세를 도입하는 것이 필요할까? 이것은 규범경제학*의 영역에 해당하는 문제로 맞다 그르다를 논하기보다는 가치 판단에 의해 결정해야 할 부분이다. 따라서 저자도 주관적인 의견을 제시할 수 있을 뿐이다. 개인적으로는 탄소세의 도입 여부에 대한 의사결정을 내려야 하는 시기가 배출권거래제를 도입한 2015년 이전이라면

규범경제학: 경제학은 분류기준에 따라 실증경제학(positive economics)과 규범경제학(normative economics)으로 구분되기도 한다. 실증경제학이란 사실관계를 파악하여 경제현상을 있는 그대로 설명하는 것을 주된 목적으로 하는 것이며, 규범경제학은 가치판단에 기초하여 보다 바람직한 것이 무엇인지를 논하는 것이다.

|표 8| **탄소세 도입 관련 법률안 발의 현황**

법률안		주요 내용
제21대 국회	탄소세 기본법안 (기동민 의원 대표발의, 의안번호 2119131)	휘발유, 가스, 석탄, 그 밖에 화석원료 등이 에너지 산업, 제조업 및 건설업 등에 사용될 때 온실가스가 배출되는 경우 그 물품을 탄소세의 과세 대상으로 하고, 이에 대한 세율을 1이산화탄소 상당량 톤당 5만 원으로 함.
	교통·에너지·환경세법 전부개정법률안 (장혜영 의원 대표발의, 의안번호 2111470)	일몰 예정인 교통·에너지·환경세의 유효 기간을 폐지하고 교통·에너지·환경세법을 '탄소세법'으로 개정하되, 현재 과세 대상에서 제외된 유연탄·무연탄·액화천연가스·중유 등에 대해 이산화탄소 배출량 톤당 55,000원을 킬로그램, 리터 등의 단위로 환산하여 과세하고, 이를 2030년 이산화탄소 배출량 톤당 110,000원에 해당하는 세율로 인상함.
	탄소세법안 (용혜인 의원 대표발의, 의안번호 2108732)	휘발유, 석유가스, 석탄과 같이 온실가스를 배출하는 화석연료 등을 에너지 자원, 제조업 원재료, 운송수단 연료 등에 사용하는 경우 배출하는 온실가스 배출량에 대하여 1이산화탄소 상당량 톤당 2021년 4만 원부터 2025년 8만 원까지 매년 순차적으로 1만 원씩 인상하여 부과함.
제19대 국회	탄소세법안 (심상정 의원 대표발의, 의안번호 1905929)	휘발유 등 유류·석유가스·천연가스·연탄 및 전기에 대하여 탄소세를 부과하되, 석탄과 전기에 대해서는 세율을 순차적으로 인상하도록 함(세율: 휘발유 및 이와 유사한 대체유류: 리터당 6.7원 등).
	기후정의세법안 (박원석 의원 대표발의, 의안번호 1905760)	휘발유 등 유류·석유가스·천연가스·연탄과 원자력으로 생산한 전기에 대하여 기후정의세를 부과함(세율: 휘발유 및 이와 유사한 대체유류: 리터당 13.4원 등).

자료: 의안정보시스템(https://likms.assembly.go.kr/bill/main.do).

탄소세 도입을 지지하였겠지만 지금 이 시점에서 도입해야 할지를 묻는다면 당장 급하게 고려할 사안이 아니라고 생각한다. 그 이유는 우선 한국에 이미 배출권거래제가 도입된 지 10년이 지나 시장의 생태계가 조성되어 있는 상황에서 제도를 폐지하지 않는 이상 지금은 배출권 시장을 효율적이고 합리적으로 운영하는 데 정책 역량을 집중하는 것이 적절해 보이기 때문이다. 한국의 배출권거래제가 근본적인 한계가 있다고는 하지만 배출권거래제의 설계를 고도화하여 차선의 선택이라도 도모하는 편이 나을 것으로 판단된다.

또한 통상적으로 배출권거래제와 탄소세를 병행하여 시행하는 경우에는 배출권거래제의 적용 범위가 크지 않아 탄소세로 비적용 부문에 탄소가격을 부여하기 위한 경우가 많다. 그러나 한국은 배출권거래제의 적용 범위가 전체 온실가스 배출량의 90% 가까이 차지(World Bank 기준)하고 있어 탄소세를 통한 비적용 부문의 보완이 시급한 상황이라고 보기도 어렵다. 그나마 배출권거래제의 적용이 미미한 부문이 수송 부문인데, 여기에는 연료에 대한 개별소비세나 교통·에너지·환경세 등의 에너지세가 부과되고 있어 이미 간접적으로 탄소가격이 적용되고 있는 점도 고려가 필요하다. 혹자는 EU의 탄소국경조정제도(Carbon Border Adjustment Mechanism: CBAM)가 본격적으로 시행되기 전에 국내에서 탄소세를 즉각 도입해서 국부의 유출을 막아야 한다고 주장한다. 이러한 주장이 과연 합리적인지는 바로 이어지는 제4장의 논의를 읽어 보고 독자들이 스스로 판단하기 바란다.

4

탄소국경조정제도

제도 개요 및 탄소국경조정제도(CBAM)의 도입 과정

제1장에서 설명한 것처럼 온실가스는 전 지구적인 오염물질이기 때문에 전 세계에서 배출 감축에 동참하는 것이 중요하다. 그렇지만 현실 세계에서 온실가스를 배출하는 오염원들은 온실가스 배출에 대한 규제가 보다 느슨한 곳으로 사업장을 옮겨 생산함으로써 규제를 회피할 동기가 있으며, 제2장에서 이를 탄소 누출이라고 소개한 바 있다. 이러한 점을 고려할 때 가장 이상적인 탄소가격제는 전 세계에 적용되는 글로벌 탄소세(global carbon tax)라는 주장이 설득력을 가진다. 그렇지만 글로벌 탄소세가 도입되기 위해서는 모든 국가에서의 동의가 필요하며, 이는 현실적으로 매우 어려운 전제조건이다. 글로벌 탄소세의 현실적인 대안으로 언급되는 것으로 탄소국경조정(Border Carbon Adjustment: BCA)• 제도가 있다. 탄소국경조정이란 물품의 교역 시 수출 기업이 생산 과정에서 온실가스 배출에 대한 비용(가격)을 충분히 지불하지 않았다면 수입국에서 그에 해당하는 탄소가격을 수출 기업에게 부

탄소국경조정: 교역에서 수출품 생산 기업이 수출품 생산 과정에서 배출한 온실가스에 대하여 수입국과 비교할 때 충분한 탄소가격을 비용으로 지불하지 않았을 경우 그 탄소가격의 부족분을 수출 기업이 수입국에 비용으로 지불하게 하는 제도이다.

|그림 20| **탄소국경조정(CBAM) 구조**

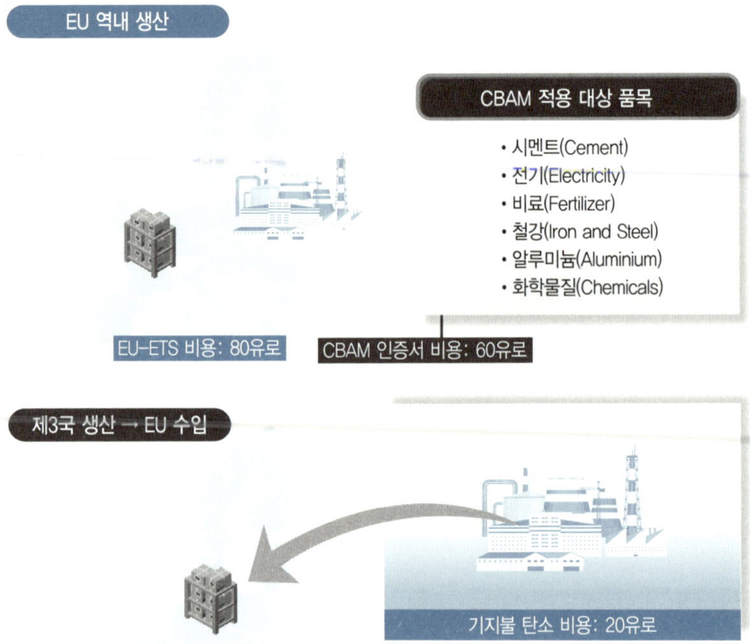

자료: 산업통상자원부 · 환경부(2023: 3), 그림 1.

과하는 제도를 말한다. 그중에서도 EU에서 도입한 특정한 탄소국경조정제도를 CBAM(Carbon Border Adjustment Mechanism)이라 부른다. 우리가 뉴스나 신문기사를 통해 흔히 접하는 탄소국경조정제도는 바로 EU의 CBAM이다.

EU의 CBAM은 EU로 유입되는 수입 품목에 대하여 EU-ETS에 준하는 탄소가격을 수입업자들이 지불하도록 함으로써 EU 역외 수출국에서도 EU와 동등한 탄소가격이 반영될 수 있도록 유도하는 제도이다. EU에서는 탄소 누출을 막고 EU 역내 기업들의 약화된 산업경쟁력을 회복하기 위하여 CBAM을 도입하였다. 탄소 규제가 높은 EU 회원국에서는 국내 기업의 가격경쟁력이 저하되어 탄소 규제의 강도가 낮은 국가로 탄소 배출 산업이 이동할 수 있기 때문이다.

CBAM을 도입하는 방법은 크게 관세, 탄소에 대한 특별소비세, 배출권거래제, 새로운 제도 등 네 가지 정도가 고려될 수 있었다. 먼저, 관세를 활용한다면 에너지집약산업의 수입 물품에 수입 국가의 탄소가격 강도를 고려하여 기존 관세에 추가적인 세율을 적용할 수 있다. 특별소비세의 경우 역내·외 상품 모두에 대하여 상품의 제조 과정에서 발생한 탄소배출량에 대하여 소비세를 부과하는 방식으로 세제를 도입할 수 있다. 다음으로 배출권거래제를 활용하는 것은 수입업자들도 EU-ETS에 참여하도록 함으로써 수입품에 의해 배출된 온실가스에 대하여 배출권을 구입하게 하는 방식이다. 마지막으로 새로운 제도는 EU-ETS의 가격을 이용하여 수입업자에게 탄소비용을 부과하는 방식으로 이번에 EU에서 도입한 CBAM이 여기에 해당한다.

그렇다면 EU는 왜 다른 대안(특히, 관세, 소비세 등의 세제)들이 있음에도 불구하고 새로운 제도를 설계하였을까? 제도의 형식을 정하는 데 결정적인 역할을 한 것은 바로 제도 간 입법 과정의 차이이다. EU에서 조세제도를 도입하려면 일반적인 제도의 입법 절차와는 다르게 회원국의 만장일치가 필요하기 때문이다. 아무리 EU라 하여도 모든 국가가 탄소비용을 높이는 정책을 찬성하는 것은 아니다. 이번 CBAM이 추진되기 시작할 때 상당히 높은 회원국들의 지지가 있었지만, 당시 CBAM 결의안의 찬성률이 63.8%였다(김동구 2022). 유럽의회가 산업계보다는 환경을 개선하는 데 상대적으로 우호적인 것으로 알려져 있음에도 반대나 기권표가 1/3을 차지한 것이다. 세금제도를 도입할 경우, EU 회원국 개별 국가들의 이해관계도 민감하게 작용하기 때문에 모든 회원국의 동의를 얻는 것은 불가능하지는 않더라도 지리한 의견수렴의 시간이 소요될 것이다. 2023년 제도 시행을 목표로 하였던 EU 집행부 입장에서는 선택하기 어려운 대안일 수밖에 없다.

그런데 흥미로운 것은 CBAM이 EU-ETS를 기초하여 만든 제도라고 하지만 본질적인 특성을 고려하면 배출권거래제보다는 탄소세에 가까운 제도라는 점이다. 앞에서도 설명하였지만 배출권거래제와 탄소세의 핵심적인 차이는 배출권거래제는 수량을 통제하는 정책이고, 탄소세는 가격을 통제하는 정책이라는 것이다. CBAM은 다음 절에서 자세히 설명하겠으나 온실가스 배출량을 통제하는 직접적인 기제는 없다. 제품 생산 과정에서 발생한 배출량에 대해 EU-ETS 배출권 가격 수준으로 비용을 지불하게 하는 제도여서 결국은 단위 배출량당 특정 금액을 부과하는 배출부과금 내지 세금의 성격을 가지는 제도이다. 다만 단위 부담률이 EU-ETS 배출권 가격으로 결정되기에 EU-ETS를 기반으로 한다고 할 뿐이다. 본질적으로 세금의 성격을 가지고 있으면서도 조세제도로 도입하지 않은 이유는 회원국의 만장일치라는 입법 절차를 회피하려 한 것이다. 추가적으로, CBAM은 비가격적인 통상 규제의 성격도 가지고 있다. 수입업자는 CBAM 인증서를 구매하는 과정에서 제품의 생산 과정에서 발생하는 온실가스 배출량을 인증된 공인기관으로부터 검증받고 보고해야 하는데, 이는 탄소가격을 지불하는 것과는 별개로 수출국 기업들에게 부담을 부과하는 것이다. 이러한 비가격적 규제는 2024년 4월 유럽의회(European Parliament)에서 가결된 공급망 실사지침(Corporate Sustainability Due Diligence Directive: CSDDD)* 으로 확장되고 있다.

공급망 실사지침: 기업의 공급망 안에서 발생할 수 있는 환경 및 인권 관련 위험을 관리하기 위해 기업에게 실사와 정보공개 책임을 의무화한 지침으로 EU 회원국은 2026년까지 해당 지침을 국내법으로 전환할 예정이다(최현희 외 2024).

탄소국경조정제도(BCA)에 대한 논의는 10여 년에도 활발하게 있었으나, 2019년에 이르러서야 현실 세계의 정책으로 구체화되었다. 2019년 12월, EU에서 그린딜 로드맵(Green Deal Roadmap)을 발표하면서 CBAM의 도입 계획을 처음으로 공개하였다. 그린딜 로드맵에서는 2030년까지 온실가스 배출량을 1990년 대비 최소 55% 이상 감축하기 위한 정책 패키지(이를 'Fit for 55 package'라 부른다)를 함께 발표하였고, 여기에 CBAM이 포함되어 있었다. 2020년에는 EU집행위원회(EU Commission, 이하 '집행위')에서 공개적인 피드백과 자문을 거쳐 Fit for 55의 근간이 되는 2030 기후 목표 계획(2030 Climate Target Plan)을 공식적으로 채택하였다.

|표 9| CBAM 추진 경과

일자	내용
2019. 12. 11	유럽 그린딜 로드맵의 Fit for 55 패키지 발표 • CBAM 도입 계획 최초 제시
2020. 9. 17	EU집행위 2030 기후목표 계획 채택 • 2050 탄소중립을 위한 2030년까지 1990년 대비 50~55%의 온실가스 감축 목표의 구체적인 실행 계획
2021. 3. 10	유럽의회 CBAM 찬성 결의안 채택
2021. 7. 14	EU집행위 CBAM 초안 발표
2022. 3. 15	EU이사회 CBAM 도입 합의
2022. 6. 22	유럽의회 CBAM 협상 입장 채택
2022. 6. 29	EU이사회 CBAM 협상 입장 채택
2022. 7. 11	집행위-이사회-의회 간 3자 협의 착수
2022. 12. 13	3자 협의의 잠정 합의 도달 발표
2023. 10. 1	CBAM 전환 기간 시범 적용 시행

자료: 국제금융센터(2022); European Commission(https://ec.europa.eu/info/law/better-regulation/have-your-say/initiatives/12265-2030-Climate-Target-Plan_en).

CBAM은 2021년 3월에 유럽의회의 찬성 결의안이 채택된 후 같은 해 7월 집행위에서 입법안을 공개하면서 본격적으로 제도 도입이 진행되었다. 12월에는 CBAM 입법안에 대하여 유럽의회의 환경위원회 보고관이 검토 후 수정안 초안을 작성·발표하였다. 이듬해인 2022년 6월에 유럽의회는 수정안을 채택한 데 반해, 일주일 뒤 EU이사회(Council of the EU, 이하 '이사회')는 집행위에서 제시한 입법안과 유사한 안을 새롭게 제시하였다. 유럽의회와 달리 이

|표 10| CBAM 분야별 EU 집행위, 의회, 이사회의 입장 정리

	세부 분야	집행위원회	유럽의회 통과안	이사회
적용 범위	대상 품목	철강, 알루미늄, 시멘트, 비료, 전기	집행위 입법안에서 유기화학물, 수소, 플라스틱 추가	집행위와 동일·시멘트, 철강, 알루미늄 내 일부 하위 품목 추가
	과세 대상 (산정 방식)	생산시설 내 발생한 직접 배출량	직접 및 간접 배출량(전기 등)	집행위와 동일
	적용 및 면제 국가	•(적용) EU로 수출하는 역외국 •(면제) 아이슬란드, 리히텐슈타인, 노르웨이, 스위스 및 일부 외부 영토	명문의 규정이 없는 한 특정국에 대한 사전 일괄 면제는 불허	집행위와 동일
	최소 기준 (면제 대상)	–	–	150유로 이하인 수입은 적용 면제
운영 형태	담당기관	•회원국별 관할 당국 지정 •국별 등록부 및 중앙 DB 설치	EU 차원의 단일 관할 당국을 설치, 중앙집중식으로 관리	•집행위와 동일(국별 당국 지정) •국별 등록부 및 중앙 DB를 통합한 중앙 등록부 설치
	차감청구	원산국에서 지불한 탄소비용의 차감 요청 가능	집행위와 동일	집행위와 동일하나 차감 규모는 각종 보조금 포함해 실제 지불한 가격만 고려
	위반 시 제재	ETS 지침에 명시된 벌금 방식을 준수, 미납 인증서당 100유로 벌금 부과	전년도 평균 인증서 가격의 3배에 해당하는 벌금 부과	집행위와 동일
절차	인증서 신고 제출	•수입자(신고자)는 관할 당국에 사전 수입신청 •매년 5월 31일 인증서 제출	집행위와 동일	집행위와 동일
일정	시행 시기	2023년 1월 1일부	집행위와 동일	집행위와 동일
	전환 기간	2023~2025년 (3년)	2023~2026년 (4년)	집행위와 동일

|표 10| **계속**

	세부 분야	집행위원회	유럽의회 통과안	이사회
ETS 연동	인증서 가격	ETS 배출권 경매 종가의 주당 평균 가격 적용, 매주 첫 근무일 관보 게시	집행위와 동일	집행위와 동일
	무상 할당	전환 기간 후 2026년부터 연 10%씩 10년간 단계적 폐지(2035년까지 진행)	2027년부터 2032년까지 점진적 폐지	폐지 기간은 집행위와 동일하지만 감축률을 가속하고 있음
CBAM 수익금	수익금 사용	• 2026년부터 CBAM 부담금 부과, 회원국 당국이 징수 후 EU 재원에 편입 • 기후변화 대응 등 특정 목적의 수익금 사용 언급 부재	• 당국 운영재원 제외한 수익금 모두 EU 재원에 귀속(추가 배출권 수익의 50%는 산업계 혁신기금으로, 잔여 50%는 경제회복기금 상환 등 EU 예산 편입) • CBAM 수익상응 금액, 저개발국 친환경 전환 지원	추후 논의
수출	수출환급	–	수출환급 도입	추후 논의

자료: KOTRA 해외시장뉴스(https://dream.kotra.or.kr/kotranews/cms/news/actionKotraBoardDetail.do?SITE_NO=3&MENU_ID=90&CONTENTS_NO=1&bbsSn=244&pNttSn=193447); 법률신문(https://m.lawtimes.co.kr/Content/LawFirm-NewsLetter?serial=181908).

사회는 기업 및 산업 친화적인 성향을 가지고 있어 이사회 안은 유럽의회의 수정안에 비해 행정 당국과 기업의 부담을 줄이는 방향으로 내용이 수정되었다. 이로써 집행위-이사회-의회 간 3자 협의(trialogue)가 시작되었으며, 3자 협의는 12월에 합의에 도달하였다. 집행위의 최초 입법안은 2023년 1

월부터 제도를 도입할 일정으로 발표되었으나, 최종 합의가 다소 지체되면서 최종적으로는 2023년 10월부터 제도를 시행하기로 결정하였다.

CBAM의 주요 내용

본 절에서는 최종적으로 확정된 CBAM의 주요 내용을 살펴본다. 우선, CBAM의 적용 대상 품목은 생산 과정에서 탄소가 많이 배출되는 대표적인 6개 품목 및 일부 탄소집약적인 부품으로 한정되었다. 6개 품목에는 철강, 시멘트, 알루미늄, 비료, 전력, 수소가 포함되며, 집행위에서 제시하였던 입법안에 수소가 추가되어 대상 품목이 일부 확대되었다. 일부 탄소집약적인 부품은 특정 전구체(precursor)•, 나사·볼트 등의 일부 철강 후방제품들이다. 유럽의회에서 포함시키려 하였던 플라스틱과 유기화학물은 전환 기간(transitional period) 중에 추가 여부를 결정할 계획이다. 전환 기간은 입법안에서 2023년 1월부터 2025년 말까지 3년을 부여할 계획이었으나, 최종 합의가 다소 지체되면서 제도 도입이 2023년 10월로 연기되면서 본격 시행 일정을 맞추기 위해 2023

전구체: 전구물질 또는 선구물질로도 불리며, 화학에서 다른 화합물을 생성하는 화학 반응에 참여하는 화합물을 의미한다(위키피디아 홈페이지).

년 10월부터 2025년 말까지 2년 3개월간 적용하게 되었다. 전환 기간에는 금전적인 비용 지불은 없으며, 그 대신 수입업자에게 각 수입품에 대한 배출량 보고의무가 부여된다. 본격 시행기는 2026년부터이며, 2024년 말까지 집행위에서 CBAM 적용 필요 품목 식별보고서를 마련할 예정이다.

본격 시행이 되면, 수입업자가 CBAM 인증서를 구매·제출함으로써 금전적인 비용을 지불하게 된다. CBAM 인증서 비용은 크게 '인증서 수량×인증서 개당 가격'으로 구성된다. CBAM 인증서의 수량을 결정할 탄소배출량은 실질배출량에서 EU-ETS 무상 할당 배출량을 차감한 수치가 된다. EU-ETS 무상 할당 배출량을 차감하는 이유는 역외 수출 기업들에 대한 역차별을 막기 위함이다. 즉, EU 역내에서 무상 할당을 받음으로써 비용을 지불하지 않는 경우가 있을 때는 역외 수출 기업도 그만큼 비용을 지불하지 않도록 조정해 주는 것이다. 다음으로 인증서 단가는 EU-ETS의 배출권 가격과 연동된다. 배출권 경매종가의 주당 평균가격이 배출량 톤당 인증서 가격이 된다. 인증서 비용을 결정할 때 마지막으로 추가 고려할 사항이 있는데, 이는 수출

|그림 21| **탄소국경조정 비용 결정 과정**

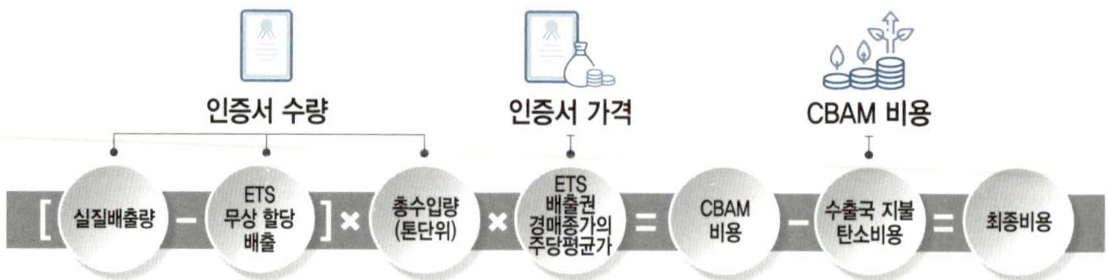

자료: KOTRA(2023: 20).

기업이 본국에서 이미 지불한 탄소가격이다. EU 회원국과 역외 수출국 간의 동등한 탄소가격이 적용되도록 만드는 것이 CBAM의 근본 취지이기 때문에 수출국 내에서 이미 온실가스 배출량에 대하여 지불한 비용이 있다면 그만큼은 인증서 비용에서 차감해 주는 것이다.

역외 수출국에서 EU 역내 수준의 탄소가격을 지불하지 않은 경우, 역내 수준으로 탄소가격을 지불하도록 하는 것이 CBAM의 도입 배경이기 때문에 EU-ETS의 무상 할당이 존재하면 EU에서 무상 할당해 주는 만큼 역외 수출 기업에게도 인증서를 무상으로 구매하는 효과를 누리도록 조치한다. 기본적으로 EU 역내·외에서 탄소가격을 동등한 수준으로 부과시키는 것이 목적이므로 목적에 합치되도록 하기 위해 EU-ETS에서 무상 할당의 유상 할당 전환을 최대한 서둘러 EU 역내·외에서 모두 탄소비용을 지불하도록 만들 계획이다. 이에 따라 CBAM 적용 분야에 대한 EU-ETS의 무상 할당을 2026년부터 2034년까지 9년간 단계적으로 감축시켜 100% 유상 할당으로 전환할 계획이다.

CBAM에서 핵심적인 요소는 온실가스 배출량이다. 탄소로 환산한 온실가스 배출량을 정확하게 그리고 동일한 기준으로 산정해야 공평한 비용 부담이 가능하다. 현재 CBAM에서는 원칙적으로 직접 배출과 전력 사용 등에 대한 간접 배출을 인증서 산정 대상으로 하고 있다. 직접 배출은 제품을 생산하면서 그 생산 사업장에서 발생한 온실가스 배출량을 지칭한다. 전력 사용에 대한 간접 배출은 생산 과정에서 사용한 전력이 무탄소 전원에 의해 발전된 것이 아니라면 발전(發電) 단계에서 발생한 온실가스 배출량을 말하며, CBAM에서는 이러한 간접 배출도 제품에 내재된 배출량으로 간주한다는 것이다. 다만 철강과 알루미늄 및 수소 부문에 대해서는 직접 배출만을 인증서 부과 대상 배출 범위로 인정한다. 배출량은 공인 인증기관의 검증을 거쳐야 하며, 실제 배출량을 적절하게 산정할 수 없을 경우에는 기본값(default value)을 적용하도록 하고 있다. 이때 기본값은 수출국 내에서 가장 실적이 미흡한 10% 제조 설비의 평균배출로 하며, 해당 국가에 신뢰할 수 있는 데이터 자체가 없는 경우에는 EU에서 가장 실적이 미흡한 5% 제조설비의 평균배출 강도를 적용하여 설정한다. 신뢰할 수 있는 데이터가 없다는 것 자체가 온실가스 배출 감축에 노력이 미진할 가능성이 높다는 점에서 기본값을 위와 같이 정한 취지는 납득이 가는 부분이지만, 이러한 방식이 무역분쟁의 여지를 가지고 있어 향후 세계무역기구(World Trade Organization: WTO)*의 제소 위험이 존재한다. 이 부분은 뒤에서 보다 자세히 다루도록 한다.

CBAM 인증서 구매·제출 등의 절차를 담당하는 기관은 회원국별로 관할 당국을 지정할 예정이다. 집행위에서는 CBAM 등록소(Registry)* 및 공통 중앙 플랫폼(common central platform)*을 설치하여 통합관리를 지원할 예정이다. 만약 수입업자가 인증서를 제출하지 않을 경우, 미납 인증서당 100EUR의 벌

세계무역기구: 1995년에 출범한 범세계적인 자유무역기구이다. 과거 GATT 체제에는 없었던 세계무역분쟁 조정, 관세인하 요구, 반덤핑 규제 등 준사법적 권한과 구속력을 행사하며, 지적재산권 등 새로운 교역과제를 포괄해 회원국의 무역관련법·제도·관행 등을 제고하여 세계 교역을 증진하는 데 역점을 두고 있다(KDI 경제정보센터 홈페이지).

CBAM 등록소: 수입신고자의 계정 및 인증서 정부를 담고 있는 데이터베이스를 말한다.

공통 중앙 플랫폼: 인증서의 구매, 환불, 취소 등을 전담하는 기반으로 매일 근무 종료 시 관련 정보를 CBAM 등록소로 전송한다.

금이 징수된다. 벌금의 단가는 물가상승에 따라 인상될 수 있으며, 벌금을 납부해도 인증서 제출의무는 유지된다. 참고로 전환 기간 동안에는 내재배출량 톤당 10~50EUR의 벌금을 부과할 수 있으며, 물가에 따라 인상될 수 있다. 만약 허가받지 않은 수입업자가 역내에 CBAM 대상 품목을 수입할 경우 기준 벌금의 3~5배에 해당하는 과징금이 부과될 수 있다. 또한 수입업자들이 인위적인 분할 선적이나 HS코드 변경 등을 통해 최소 기준에 형식적으로 만족시키고 인증서 부담을 우회하려는 각종 행위를 하였다는 내용이 집행위에 신고되면 집행위는 9개월 동안 관련 사항을 조사할 수 있다. 예외 조항도 있어 CBAM 적용 대상 품목이더라도 150EUR 이하의 소형 품목 또는 군사용품은 규정 적용이 면제된다. 더불어 역외 수출국에서 예기치 않은 대규모의 긴급한 상황이 발생한 경우, 타격을 받은 국가 상황에 맞추어 한시적으로 예외조치를 시행할 수 있다.

앞서 언급한 바와 같이 CBAM은 보호무역의 수단으로도 평가되는 측면이 있다. 즉, 교역에 있어 수입품에 비용을 부담하게 함으로써 EU 역내 기업들의 가격경쟁력을 높여 주는 불공정 무역의 관세 무역 일반 협정: 관세장벽과 수출입 제한을 제거하고, 국제무역과 물자교류를 증진시키기 위하여 1947년 제네바에서 미국을 비롯한 23개국이 조인한 국제적인 무역협정이다(KDI 경제정보센터 홈페이지).

수단으로 간주될 수 있다. CBAM의 내용 중 관세 무역 일반 협정(General Agreement on Tariffs and Trade: GATT)•에 위반 소지가 있는 부분은 크게 두 가지 정도가 지적된다(이하 이천기 외 2021). 먼저, '동종' 상품에 대해 내재배출량에 따라 차등조치를 하기 때문에 GATT 제1조 제1항의 최혜국대우 의무를 위반한 것으로 판단될 수 있다. 최혜국대우 의무는 동종 상품에 대하여 원산지에 무관하게 제반 편의, 호의, 특권 또는 면제가 동일하게 적용되어야 한다는 것이다(외교부 홈페이지). 그러나 CBAM은 동종 상품임에도 불구하고 특정 원산지국(탄소다배출국)으로부터 수입되는 수입 상품이 다른 원산지국(탄소저배출국)으로부터의 수입 상품에 비해 불리한 대우를 적용하는 것으로 해석될 수 있다.

다음으로, 제품의 내재배출량 산정 방식에서 GATT 제3조 내국민대우 의무를 위반할 소지가 있다. 내국민대우 의무는 수입 상품이 국내 상품과 비교하여 내국세 및 그 밖의 내국 과징금, 국내 판매에 영향을 미치는 법률·규정·요건 등에 있어 불리한 대우를 받지 않아야 하는 것을 말한다. 그런데 CBAM에서는 실제 배출량을 객관적으로 제시할 수 없을 경우 EU 역내의 탄소배출 효율성 하위 5% 사업장의 평균배출 강도를 적용하여 역내·외 상품의 단위당 탄소가격이 달라지게 된다. 또한 CBAM 인증서의 거래 가능성 및 유효 기간 등에서도 내국민대우 의무를 위반할 소지가 있다. 이러한 GATT 조항 위반 가능성에 대해 CBAM의 정당성을 입증할 수 있는 여지가 있어 향후 WTO 제소 시 어떻게 판결이 내려질지 주목할 만한 부분이 있다. 바로 GATT 제20조의 일반적 예외이다. GATT 제20조의 제(b)항과 제(g)항의 환경 예외가 적용될 수 있다면 CBAM의 차별대우가 정당화될 수 있다. 이에 대한 판단은 제20조 두문(Chapeau)의 '자의적인 차별'에 해당되느냐의 여부가 핵심 쟁점 사항이 될 전망이다.

한국에 미치는 영향

2023년 10월 CBAM의 전환 기간이 시행되면서 여러 사람들이 한국의 수출에 부정적인 영향을 줄 것이며 인증서 구매로 인한 비용 지불로 국부가 유출될 것이라는 우려를 표명하였다. 저자는 이러한 주장에 대하여 비판적인 시각으로 면밀하게 살펴볼 필요가 있음을 말하고 싶다. 우선, 생각해 볼 것은 EU의 CBAM은 글로벌 탄소국경조정제도가 아니라는 점이다. 전 세계 국가 모두에 대하여 수출할 때마다 충분히 탄소가격을 반영하였는지를 따져 부족한 탄소비용을 지불하게 한다면 국내에서도 탄소가격을 글로벌 탄소가격에 준하게 맞추는 것이 합리적일 것이다. 그러나 이번 CBAM은 EU에서 6개 품목에 한정하여 시행한다. 참고로, 한국의 대(對)EU 수출 총액은 2022년 기준으로 681억 USD 수준으로 한국 수출 총액의 9.96%를 차지한다. 한국의 대EU 수출액 중 CBAM 품목의 수출액은 51억 USD(2022년 기준) 수준으로 대EU 수출액에서 7.5%를 차지한다(이정아 외 2023). 결국 EU의 CBAM에 적용 대상이 되는 수출액은 한국 전체 수출액의 0.7% 내외에 불과하다는 것이다. 그런데 그 수출액에서 탄소비용을 지불할 것을 우려하여 K-ETS를 기존 계획보다 앞당겨 강화하거나 탄소세를 도입하여 모든 탄소 배출에 대해 탄소가격을 부과한다면 나머지 99.3%의 수출품까지 가격경쟁력이 저하되는 효과가 발생한다.

패리 등이 작성한 IMF 보고서를 보면 이에 대한 우려가 기술되어 있다(Parry et al. 2021). 이 보고서에 따르면, 탄소국경조정제도들(BCAs)이 탄소가격 체계의 통합에 기여할 수 있으며, 산업의 탈탄소화를 가속하는 국가의 경쟁력과 탄소 누출 문제를 일정 부분 해결해 줄 것으로 기대된다. 그러나 EU의 CBAM은 EU 역외 경제에 탄소 저감 유인을 줄 수 있으나 그 자체만으로는 역외국 내에서 탄소가격을 높일 유인이 크지 않음을 지적한다. 예를 들어, 중국이나 인도에서 EU 회원국에 수출하는 에너지 집약적인 산업의 내재배출량은 자국 내 온실가스 배출 총량에서 차지하는 비중이 각각 2%가 채 되지 않는다(그림 22 참조). 패리 등은 이렇게 작은 비중의 정책 대상에 대응하기 위해 자국 내 온실가스 배출량 전반에 영향을 주는 탄소가격제도를 도입하지는 않을 것으로 평가하고 있다. 오히려 이렇게 작은 비중의 수출 대상국에서 추가비용을 지불하도록 할 경우, 탄소국경조정제도가 없는 국가를 상대로 수출을 늘리는 포트폴리오(portfolio) 조정전략을 구사할 수도 있다. 그 결과 탄소 저배출 제품은 EU 역내로 수출하고 탄소 다배출 제품은 EU 역외국에 수출

|그림 22| 주요 국가들의 EITE 산업에서의 자국 내 온실가스 배출 비중

(단위: 억 원, 명)

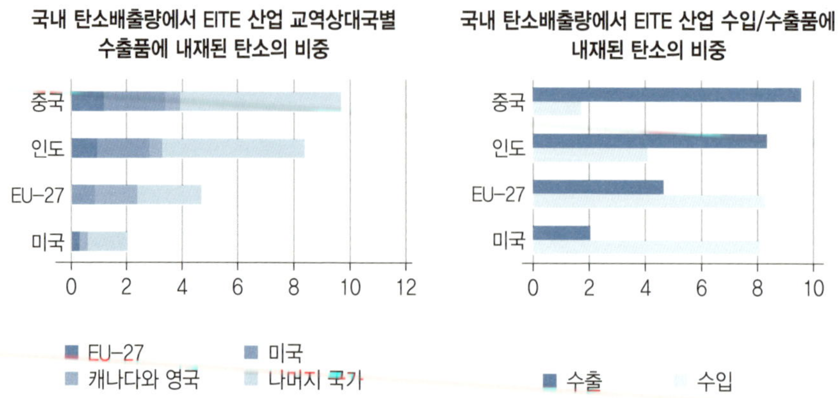

주: 'EITE 산업'은 에너지 집약적이며 교역이 이루어지는(energy-intensive, trade-exposed) 산업을 의미함.
자료: Parry et al.(2021), Figure 3, 5.

하는 방향으로 수출조합이 조정될 수 있다.

CBAM 대상 품목의 수출에서 차지하는 비중이 낮다는 이유보다 더 근본적인 측면에서도 생각해 볼 부분이 있다. 바로 시장 메커니즘이다. 시장이 정상적으로 작동한다면 생산자에게 세금이나 부담금을 지불하도록 하여도 생산품의 시장가격에 그 일부를 반영함으로써 생산자는 자신이 지불해야 하는 부담의 일부를 소비자에게 전가할 수 있다. 이를 흔히 '조세전가'(tax shifting)•라 부르며, 생산자에게 부과한 세금이나 부담금 등이 최종적으로는 시

조세전가: 세금이 부과되면서 가격이 변화함에 따라 명목상 세금을 납부한 사람의 비용 부담 일부가 시장의 다른 참여자에게 떠넘겨지는 현상을 말한다. 예를 들어, 생산자에게 판매하는 상품당 100원이라는 상품세를 부과하였을 때 시장에서 상품가격이 50원 인상한다면 실질적인 세부담은 생산자와 소비자가 절반씩 부담하게 된다. 이때 해당 세금의 세부담은 50%가 생산자에서 소비자에게 전가되었다고 말할 수 있다.

장참여자 중 누구에게 얼마나 전가되느냐의 문제를 '조세귀착'(tax incidence)의 문제라 한다. CBAM도 마찬가지이다. 명목적인 부담액은 수입업자가 CBAM 인증서를 구매하면서 지불하게 되나, 이 과정에서 CBAM 품목의 시장가격이 상승하면 그 상승분만큼 CBAM 부담액이 소비자에게 전가될 것이다. 그리고 소비자에게 전가되는 비율은 대상 품목 시장에서의 수요와 공급의 상대적인 탄력성에 의해 결정될 것이다.

조세귀착: 조세전가로 인하여 최종적으로 세금을 누가 얼마나 부담하게 되는지 실질적인 세부담 귀속의 결과를 말한다. 조세전가 설명에서 든 예로 설명하자면, 100원에 대한 상품세는 최종적으로 생산자에게 50%, 소비자에게 50%의 세부담이 귀착되었다고 말할 수 있다.

이러한 점에 주목하여 Boston Consulting Group에서 EU 철강시장을 분석한 바 있다. 분석에서는 수출 기업의 탄소가격 부담 증가(6~32%의 가격상승 효과, 그림 23 우측 그래프 참조)와 EU 역내 기업에 적용되던 무상 할당의 유상 할당 전환으로 인해 CBAM 대상 품목인 철강가격이 인상될 것으로 보았다. 또한 그에 따라 순차적으로 철강의 후방시장(downstream)인 자동차시장에서도 자동차가격이 인상되는 등의 연쇄 효과가 발생할 것을 지적하였다(Figures et al. 2021). 여기에서도 확인되는 것은 CBAM으로 수출국 기업들이 제품가격은 그대로 둔 채 인증서를 구매하는 비용을 100% 부담하는 것이

|그림 23| EU의 주요 철강수입처 및 CBAM의 철강가격에 대한 효과

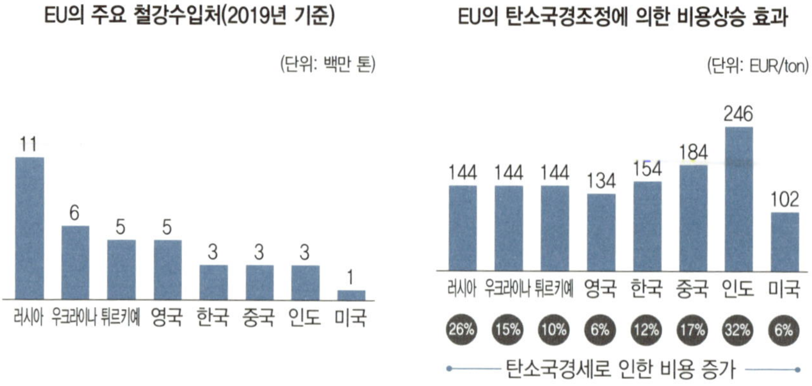

자료: Figures et al.(2021)(http://www.bcg.com/publications/2021/eu-carbon-border-tax).

아니라 시장가격으로 반영시킬 것이라는 점이다. 또한 수출국들은 철강산업의 탄소집약도 차이로 서로 상이한 가격경쟁력의 변화가 나타날 것이며, 한국의 경우 CBAM으로 인해 12%의 비용 증가로 추정하였으나 이는 경쟁국들 중 상대적으로 높은 수준이라 말하기 어려움도 확인할 수 있다. 덧붙여 CBAM에 의해 EU 역내 시장의 가격 인상 및 이로 인한 물가인상이 우려되는 대목이다.

유엔무역개발기구: 1964년 당시 GATT의 범위 밖에서 개발도상국들의 특수한 무역 문제를 해결하기 위해 UN총회 산하의 상설기관으로 발족한 기구이다. 개발도상국의 특수한 필요성을 고려하면서 국제경제 및 통상 문제를 전반적으로 규율할 원칙 및 법규를 발전시켜 나가는 역할을 수행하고 있다(공정거래위원회 홈페이지).

이러한 시장가격으로의 부담 전가 외에도 수출경쟁국 간의 상대적인 경쟁력 비교도 중요하다. 그림 24는 수소를 제외한 5개 품목의 대EU 주요 수출

|그림 24| **수소 제외 5개 CBAM 적용 부문의 주요 수출국 현황(2019년 기준)**

(단위: 10억 USD)

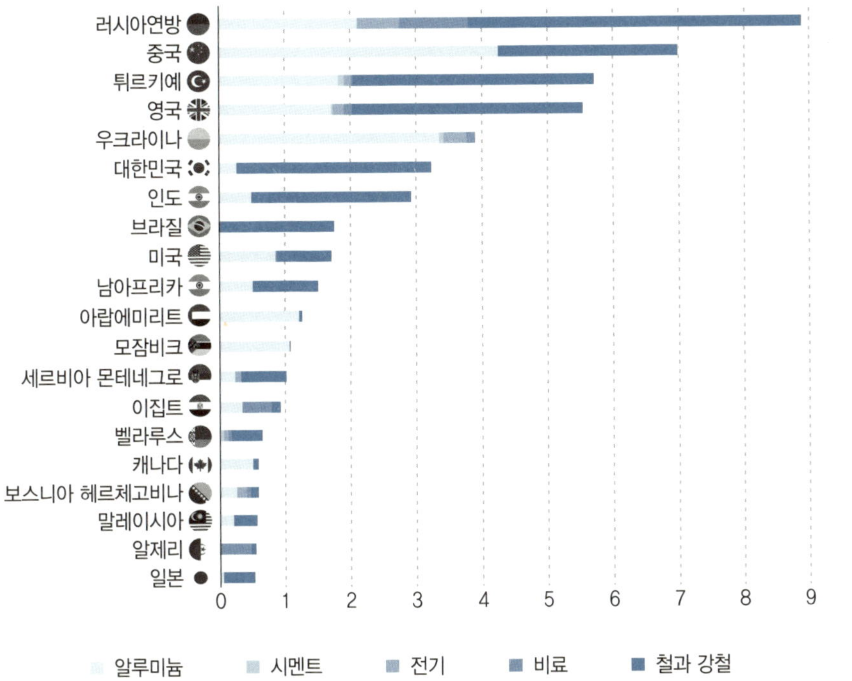

자료: UNCTAD(2021: 10), Figure 2.

국을 보여 준다. 한국의 경우 총액 기준으로 여섯 번째 수출국이지만 철강이 거의 대부분을 차지하고 있음이 다시 한번 확인된다. 유엔무역개발기구(United Nations Conference on Trade and Development: UNCTAD)• 에서는 CGE(Computable General Equilibrium)라 불리는 연산가능일반균형모형•을 이용하여 EU의 CBAM

연산가능일반균형모형: 정책 도입과 같은 외생적 충격이 발생할 경우 균형가격이 어떻게 변화하고 이에 따라 다부문 재화 시장과 경제 주체에 어떠한 파급 효과가 나타날지 분석하는 모형으로 요한센(Johansen)이 1960년에 제시한 노르웨이의 22개 다부문 성장모형을 시초로 본다(정기호 2015).

시행 시 각 수출국에 예상되는 교역, 탄소배출량, 소득, 고용 등에서의 파급 효과를 시나리오별로 분석하였다(UNCTAD 2021). 분석 결과 CBAM은 EU 역내·외의 탄소배출량 저감에 도움이 될 것으로 나타났다. 또한 탄소집약도가 낮은 선진국들이 개발도상국들에 비해 교역에서 유리해질 것으로 분석되었다. 그렇지만 전 세계 탄소배출량을 저감하는 효과는 상당히 제한적일 것으로 예상되었다. 여기에서 흥미로운 것은 수출국가별 CBAM 부담액을 추정한 결과, EU 철강시장에서 수출경쟁국인 한국과 러시아, 중국, 튀르키예, 인도 5개국 중 한국의 철강 부문 부담액이 가장 적을 것으로 나타났다는 점이다. UNCTAD(2021)에서는 각국의 CBAM 부담액을 부문별로 정규화한 수치로 제시하고 있어 금액으로 얼마 정도의 수준이 될지를 직접적으로 보여주지는 않지만 부담액은 인도>러시아>중국>튀르키예>한국의 순으로 추정되었다.

이와 유사한 분석 결과는 다른 연구에서도 어렵지 않게 찾을 수 있다. He et al.(2022)도 CGE 모형을 이용하여 CBAM의 전 세계 국가에 대한 파급 효과를 분석하였다. 분석 결과 개발도상국과 선진국

사이에 GDP 및 후생 격차가 확대될 것으로 예상되어 CBAM 재원으로 저소득 국가의 저탄소 녹색기술 개발에 대한 지원이 필요하다는 주장을 하였다. 특히, 시나리오에 따라서 한국과 일본 같은 선진국에서는 후생에서의 순이득이 예상되기도 하였다. 한국의 경우, 직접 배출로 CBAM 배출량 범위가 제한될 경우에 총수출액이나 GDP, 후생이 모두 증가하는 것으로 추정되었다. 간접 배출까지 CBAM 배출량 범위가 확대되면 수출이나 GDP, 후생이 감소하는 것으로 계산되었으나 다른 나라들과 비교할 때 감소 폭이 낮은 그룹에 속한다고 볼 수 있다. CBAM 대상 품목 산업과 연계된 시장과 수출경쟁

온실가스 배출량의 범위

온실가스 배출량은 어디에서 발생하였느냐에 따라 일반적으로 직접 배출과 간접 배출로 구분된다. 직접 배출은 Scope 1이라 부르며, 기업이 소유·관리하는 사업장에서 직접 배출되는 온실가스를 의미한다. 간접 배출은 Scope 2와 Scope 3으로 구분되는데, Scope 2는 기업이 전기, 열 등의 에너지를 사용함에 따라 그 전기나 열을 만들 때 발생하는 온실가스를 간접적으로 발생하게 만든 것으로 보는 것이다. 따라서 기업의 생산 과정에서 전기, 열 등의 에너지를 사용함에 따라 간접적으로 배출되는 온실가스를 말한다. Scope 3은 가치사슬(value chain) 전체에서 기업의 활동 과정과 관련하여 발생하는 모든 간접적인 온실가스 배출량을 의미한다(ENlighten 홈페이지 참조).

관계 등을 종합적으로 고려한 연구들을 살펴보면, 여러 연구에서 한국의 교역 및 경제 여건이 CBAM의 시행으로 수출경쟁국 대비 상대적으로 더 불리해진다고 보기 어려운 결과들이 도출되고 있다(Lee 2022; 윤승환 2022; Lim 2024 등 참조).

그렇다면 CBAM의 시행을 마주한 한국은 아무런 대응도 필요 없는 것일까? 저자가 굳이 여러 연구와 분석을 소개한 이유는 CBAM은 신경 쓸 필요 없으니 안심하고 들려가는 내로 지켜보자는 의도가 아니다. 분명 CBAM의 시행으로 대상 품목 산업, 특히 철강산업을 중심으로 비용 부담은 가중될 것이다. 그러나 이것을 이유로 한국의 탄소중립 대응 전략을 급격하게 선회할 필요는 없다는 것이다. 즉, CBAM의 대응을 명분으로 K-ETS의 배출권 가격을 인위적으로 EU-ETS 가격에 맞추려 한다거나, 탄소세를 도입하여 배출권거래제에 추가 부담시키는 것은 오히려 급작스러운 비용 증가로 부작용이 더 클 수 있다. 국내 산업과 정책 여건을 고려하여 K-ETS의 운용방침을 세웠다면 일관성 있게 그 로드맵을 실천해 가야 한다. 이것이 정부 정책에 적응하며 시장에서 최선의 영업 실적을 도모하는 기업들에게 혼란과 부담을 줄이면서 탄소중립의 목표에 도달하는 길이다.

CBAM에 대한 정책적 대응을 위해 단기적으로는 CBAM의 규칙을 수출 기업(특히, 정보량과 전문성이 부족한 중소·중견기업)이 충분히 인지하고 적절히 대응할 수 있도록 지원하는 것이 절실하다. CBAM 기준에 맞게 배출량을 측정하고 검증받아 보고하는 시스템(Measurement, Reporting and Verification: MRV)을 갖춤으로써 최소한 이미 실천하고 있는 배출 저감 노력이 인정받지 못하는 일은 없어야 한다. 중장기적으로는 해외 동향을 면밀히 파악하고 미리 준비하는 것이 필요하다. 지금 시행하는 CBAM은 EU라는 지역적 제한과 6개 품목이라는 산업적 제한 내에서 적용되는 제도이기에 한국에 미칠 효과도 크지 않을 수 있다. 그러나 탄소국경조정제도가 범세계적으로, 혹은 한국과의 교역 비중이 큰 국가나 지역에서 도입된다면 한국에 미치는 영향은 EU의 CBAM과는 명백히 차이가 난다.

예를 들어, 미국과 중국 사이의 무역갈등이 심해지면서 양국 모두 수입품에 탄소국경조정제도에 준하는 탄소비용을 지불하게 한다면 한국에게는 상당한 타격이 될 수밖에 없다. 한국무역협회의 『한국무역통계』에 따르면, 한국의 미국과 중국에 대한 수출 비중은 각각 18.3%와 19.7%이다(2023년 기준). 따라서 양국을 합할 경우, 수출 비중은 38.0%에 이른다. 0.7% 내외의 EU CBAM 대상 품목 수출 비중과는 비교가 되지 않는 수준이다. 이미 미국의회에서는 탄소국경조정제도와 유사한 「청정경쟁법」(Clean Competition Act: CCA)• 등이 계류 중이다. 미국의 CCA가 초당적인 지지를 받고 있다는 점과 EU의 CBAM보다 훨씬 광범위하게 수출품에 영향을 줄 수 있는 점 등은 한국이 주의 깊게, 그리고 신속하게 제도 진행 사항을 모니터링해야 할 이유를 설명한다. CCA 법안이 통과될 경우에는 국내의 탄소비용 인상 속도를 일정 수준 가속시켜야 할 압력이 매우 거세질 수 있기 때문에 미리부터 시나리오별 대응 방안에 대해 준비하는 지혜도 필요하다.

청정경쟁법: 미국의 민주당에서 기후위기 대응과 공정경쟁을 위한 일종의 탄소국경세를 부과하도록 발의된 법안이다. 국가별 탄소집약도 차이로 인해 공정경쟁이 어려워지는 경우 미국에 수입되는 제품에 세금을 부과해야 한다는 내용을 골자로 하고 있으며, 세수의 3/4은 미국의 탄소 절감을 위한 신규 기술에 투자하고, 1/4은 개발도상국의 탈탄소를 지원하도록 계획하고 있다(삼일회계법인 2024).

나가며

국제사회에서 기후변화 및 탄소중립은 이제 핵심 의제 중 하나로 부상하였다. 특히, 한국은 탄소 집약도가 높은 제조업들이 주로 국가의 기간산업으로 그 역할을 하고 있으며, 교역에서 상당한 비중을 차지하고 있다는 점에서 국제사회의 이러한 움직임은 기후위기로 받아들여진다. 온실가스를 감축시키기 위해 정부는 다양한 제도를 활용해야 하겠으나 그중에서도 시장 메커니즘을 활용하는 탄소가격제는 비용 효과적으로 온실가스를 감축할 수 있다는 장점으로 한국을 포함한 여러 국가에서 도입하고 있거나 도입을 고려하고 있다. 탄소가격제는 크게 배출권거래제와 탄소세로 구분된다. 두 제도 모두 시장 메커니즘을 활용한다는 점에서 비용 효과적인 수단이지만 배출권거래제는 온실가스 배출량 한도를 정부가 정하는 수량정책인 데 반해, 탄소세는 온실가스의 가격을 정부가 정하는 가격정책이라는 점에서 근본적인 차이가 있다.

배출권거래제는 EU에서 2005년 세계 최초로 도입하였고, 한국도 2015년부터 도입하여 현재 제3차 계획 기간을 운용하고 있다. 한국의 배출권거래제와 관련하여 적절한 유상 할당 비율이나 무상 할당 방식, 이월 제한의 완화 등이 대표적으로 논의되고 있으며, 이 밖에도 제도 개선을 위해 다양한 측면이 다루어지고 있다. 근본적으로 시장 메커니즘을 활용하기 위해 도입된 것임에도 불구하고, 직접 규제에서 활용하는 정책설계가 제도 속에서 발견되고 있으며, 이러한 부분의 개선을 위해서는 정책설계자들도 시장 메커니즘에 대한 충분한 이해가 전제되어야 할 것으로 보인다. 탄소세의 경우, 한국은 여러 차례 입법발의 등의 시도가 있었지만 아직까지 도입하지 않고 있다. 탄소가격제도로 배출권거래제를 시행하면서 국내 온실가스 배출 부문의 3/4 내외를 제도권에 포함시키고 있으며, 기존의 에너지세제가 탄소세와 유사한 역할을 하고 있어 현재 탄소세의 도입 필요성은 낮은 상황이다. 다만 국내 탄소가격제도에 변수가 등장하였는데, 그것은 바로 탄소국경조정제도(BCA)이다.

탄소가격제도로 가장 이상적인 것은 글로벌 탄소세라 할 수 있다. 그러나 전 세계 국가들이 모두 참여하는 단일 탄소세 제도는 현실적으로 불가능에 가깝다. 교역 국가 간에서라도 동일한 탄소가격을 공유하기 위한 수단으로 제시된 것이 BCA이며, EU의 CBAM이 최초로 시행된 BCA이다. 상대적으로 먼저 탄소가격제도를 도입한 EU 역내 기업들이 교역에서 가격경쟁력 저하를 만회하기 위한 수단으로 도입하였지만 보호무역의 수단이 될 수 있다는 점에서 국가 간 분쟁의 소지가 있다. 한국의 경우, CBAM 대상 품목의 수출 비중이 낮아 CBAM을 대응하기 위해 국내 온실가스 감축 계획을 넘어서서 탄소가격체계 전체를 바꾸는 것은 효율적인 정책 선택으로 보기 어렵다. 당장은 한국의 NDC에 대한 실천전략에 따라 운용하는 탄소가격제를 적절히 개선하며 보완하는 것이 우선되며, CBAM에서 요구하는 배출량 인증을 확실하게 준비함으로써 이미 하고 있는 감축 노력이 제대로 CBAM에 반영될 수 있도록 하는 것이 중요하다. 그렇지만 중장기적으로는 CBAM의 대상 품목 범위 확대 가능성이나 미국의 CCA와 같은 또 다른 탄소국경조정제도의 등장 가능성 등을 예의 주시하면서 추가적인 대응 방안도 준비해야 할 것이다.

이 책의 논의를 마치며, 한 가지만 더 짚고 마무리하고 싶다. 일부에서는 한국을 온실가스 배출량이 많다고 기후 악당이라고 폄하하기도 한다. 마치 한국이 국제사회에 큰 누를 끼치는 존재인 것처럼 말이다. 그러나 조홍종·구효정(2022)도 지적하고 있듯이, 온실가스 배출에 대한 책임은 생산자에게만 있는 것이 아니다. 온실가스를 많이 배출하며 생산하는 제품을 즐겨 찾는 소비자에게도 책임이 있다. 소비자가 있기 때문에 생산자는 제품을 만드는 것이다. 생산자 입장에서는 동일한 제품을 만들면서 에너지 효율을 최대한 높여 온실가스 배출을 줄여왔다면 나름의 노력을 하고 있다고 볼 수 있다. 한국이 주로 수출하는 탄소 다배출 산업만 놓고 보면, 에너지 효율이 높은 국가에 속한다(이상준 2018). 이를 바꿔 말하면, 소비자들이 동일한 제품에 대해 한국보다 에너지 효율이 낮은 공정으로 만든 제품을 소비하면 온실가스는 더 많이 배출되었을 것이라는 의미이다. 한국 온실가스 배출의 주된 원인이 국내 소비보다는 선진국에 대한 수출이라는 점은 많은 것을 시사한다(조홍종·구효정 2022). 일국의 소비를 위하여 제품을 자국에서 생산하지 않고 타국에서 생산한 것을 수입한다면 이 또한 일종의 탄소 누출이라 볼 수 있다. 생산공정의 탄소중립화도 중요하지만 소비에서의 변화 또한 그에 못지않게 중요함을 인지하기 바란다.

참고문헌

강준하(2016), 「CBDR원칙과 파리협정」, 『홍익법학』 제17권 제1호, 135~156.

관계부처 합동(2020. 12. 7), 「「2050 탄소중립」 추진전략(案)」.

______(2021. 10. 18), 「2030 국가 온실가스 감축 목표(NDC) 상향안」.

______(2023. 9), 「배출권 거래 시장 활성화 방안」.

권오상(2022), 『환경경제학』 제4판, 박영사.

그레고리 라이트스톤 저, 박석순 역(2021), 『불편한 사실: 앨 고어가 몰랐던 지구의 기후과학』, 어문학사.

김길환·심성희(2017), 『우리나라 온실가스 배출권거래제 진단과 개선방안』, 수시연구보고서 17-04, 에너지경제연구원.

김동구(2022), 「EU 탄소국경조정제도(CBAM) 추진의 핵심 쟁점과 산업경제적 의의에 대한 연구」, 『산업연구』 제46권 제3호, 1~29.

김범준(2010), 『주요 국가의 녹색성장 법제에 관한 비교법적 연구(Ⅳ)－영국－』, 녹색성장종합연구, 경제·인문사회연구회 미래사회합동－연구총서 09-06-37(4), 한국법제연구원.

대한민국정부(2020), 『지속가능한 녹색사회 실현을 위한 대한민국 2050 탄소중립 전략』.

박효민(2022), 「EU 탄소국경조정메커니즘(CBAM)의 WTO TBT 협정 합치성－환경, 기술, 그리고 TBT협정 간 관계 모색－」, 『법제논단』 제696권, 221~252.

배경은·유태종·안영환(2022), 「배출권거래제 가격상하한제가 배출량 및 감축비용에 미치는 영향에 대한 정량적 연구」, 『자원환경경제연구』 제31권 제2호, 261~290.

배진수(2023), 「탄소가격 수용성 연구방법론의 비교 분석」, 현안분석 2, 『재정포럼』 제330호, 37~59.

법무법인 세종(2020), 「온실가스배출권거래법 시행령 전부 개정(2020. 8. 18)」, Legal Update, August 25.

산업통상자원부·환경부(2023. 12. 13), 『EU 탄소국경제도 전환기간 이행 가이드라인(버전 2.0.0)』.

삼일회계법인(2024. 1), 「미국식 탄소국경세 청정경쟁법」, 삼일PwC ESG 뉴스레터, Vol. 13.

심성희(2012), 『배출권거래제의 최적운영을 위한 사회여건 연구』, 기본 연구보고서 12-11, 에너지경제연구원.

염정윤·안소은·김가영·이홍림(2023), 「2022 국민환경의식조사」, 『KEI 포커스』 제11권 제3호, 한국환경연구원.

윤성혜(2013), 「국제환경법상 "공동의 그러나 차별적 책임"(CBDR) 원칙의 형평성 문제에 대한 소고」, 『과학기술법연구』 제19권 제1호, 165~196.

윤승환(2022), 「기후변화 대응을 위한 EU 탄소국경조정메커니즘(CBAM)의 경제적 효과 분석」, 『무역연구』 제18권 제1호, 391~411.

윤여창(2023), 「배출권거래제의 시장기능 개선 방안」, 『KDI FOCUS』 Vol. 123, 한국개발연구원.

이동규(2021), 「해외의 탄소세 운용 동향 및 탄소가격에서의 시사점」, 『에너지 포커스』 Vol. 82, 에너지경제연구원.

이상준(2018), 『산업부문 에너지 효율 개선 국가전략 연구(3차 연도)』, 기본 연구보고서 18-24, 에너지경제연구원.

이정아·강금윤·한재완(2023), 「미리 보는 EU 탄소국경조정제도 시범 시행 기간 주요 내용 및 시사점」, 『KITA 통상리포트』 Vol. 10, 한국무역협회통상지원센터.

이천기·박지현·박혜리(2021), 「EU 탄소국경조정 메커니즘에 대한 통상법적 분석 및 우리 산업에의 시사점」, 『KIEP 오늘의 세계경제』 Vol. 21 No. 15, 대외경제정책연구원, 1~31.

인소영·박기영(2021), 「기후변화의 경제학」, 『한국경제학보』 제28권 제1호, 137~199.

전병목·성명재·전영준(2012), 『탄소세와 에너지과세의 조화방안』, 연구보고서 12-06, 한국조세연구원.

정기호(2015), 「GTAP모형에서 가계수요 탄력성계수의 추정과정과 근거」, 『에너지경제연구』 제14권 제3호, 113~144.

정선영·허정(2022), 「기후변화가 생산성에 미치는 영향」, 『BOK 이슈노트』 제2022-3호, 한국은행.

정예지·김성택(2022), 「EU 탄소국경조정제도(CBAM) 주요 내용 및 평가」, 이슈브리핑, 국제금융센터.

조홍종·구효정(2022), 「생산기반 온실가스 배출량 vs 소비기반 온실가스 배출량」, 『자원·환경경제연구』 제31권 제4호, 597~617.

최현희·황현정·이상헌·김덕겸(2024), 「EU 공급망 실사지침의 주요 내용과 파급효과」, 『산은조사월보』 제822호, KDB산업은행 미래전략연구소.

한국무역협회, 『한국무역통계』, 각 연도.

한국환경산업기술원(2023), 「중국 탄소거래 시장현황 및 CBAM이 중국에 미치는 영향」, 『중국환경산업 INSIGHT』 7월호.

환경부(2016), 『파리협정 길라잡이』.

KIM & CHANG(2020. 12. 9), 「제3차 계획기간 온실가스 배출권 할당계획 확정」, 뉴스레터.

KOTRA(2023), 「EU 탄소국경조정제(CBAM) Q&A: 알기 쉬운 EU 통상 정책 시리즈」, KOTRA자료 23-074.

KPMG(2024. 1), 「COP28 리뷰: UAE 컨센서스(UAE Consensus)」, Market Reader, Newsletter.

Bolton, Patrick et al.(2020), "The green swan: Central banking and financial stability in the age of climate change," BIS report, Bank for International Settlements.

Davis, Michael(2019), "Five Questions for 3,508 Economists," *Regulation* (Washington, 1977), 2019-07, Vol. 42(2), 34~37.

Eckstein, David, Vera Künzel, and Laura Schäfer(2021), "Global Climate Risk Index 2021: Who Suffers Most from Extreme Weather Events? Weather-Related Loss Events in 2019 and 2000-2019," Briefing Paper, Germanwatch.

Figures, Tim et al.(2021), "The EU's Carbon Border Tax Will Redefine Global Value Chains," International Trade Article, Boston Consulting Group, October 12(https://www.bcg.com/publications/2021/eu-carbon-border-tax).

He, XiaoBei, Z. Fan, and Ma Jun(2022), "The Global Impact of a Carbon Border Adjustment Mechanism," Task Force on Climate, Development and the International Monetary Fund.

IPCC(2014), *Climate Change 2014: Synthesis Report*, Core Writing Team, R. K. Pachauri, and L. A. Meyer, eds., Contribution of Working Groups I, II and III to the Fifth Assessment Report of the Intergovernmental Panel on Climate Change, IPCC, Geneva, Switzerland, 151.

______(2018), Summary for Policymakers, Masson-Delmotte, V., P. Zhai, H.-O. Pörtner, D. Roberts, J. Skea, P. R. Shukla, A. Pirani, W. Moufouma-Okia, C. Péan, R. Pidcock, S. Connors, J. B. R. Matthews, Y. Chen, X. Zhou, M. I. Gomis, E. Lonnoy, T. Maycock, M. Tignor, and T. Waterfield, eds., *Global Warming of 1.5°C. An IPCC Special Report on the impacts of global warming of 1.5°C above pre-industrial levels and related global greenhouse gas emission pathways, in the context of strengthening the global response to the threat of climate change, sustainable development, and efforts to eradicate poverty*, Cambridge University Press, Cambridge, UK and New York, NY, USA, 3~24(https://doi.org/10.1017/9781009157940.001).

______(2023), Summary for Policymakers, Core Writing Team, H. Lee, and J. Romero, eds., *Climate Change 2023: Synthesis Report*, Contribution of Working Groups I, II and III to the Sixth Assessment Report of the Intergovernmental Panel on Climate Change, IPCC, Geneva, Switzerland, 1~34(doi: 10.59327/IPCC/AR6-9789291691647.001).

IRENA(2023), *World Energy Transitions Outlook 2023: 1.5℃ Pathway*, International Renewable Energy Agency, Abu Dhabi.

Lee, Sul-Ki(2022), "Will the EU Cbam Hurt Korean Manufacturers? An Empirical Analysis with Implications for Policy," Korea Institute for Industrial Economics and Trade Research Paper No. 22/IER/27/5-4, *KIET Industrial Economic Review*, Vol. 27 No. 5, 45~54(Available at SSRN: https://ssrn.com/abstract=4315042 or http://dx.doi.org/10.2139/ssrn.4315042).

Lim, Heehyun Rosa(2024), "Assessing Impacts of Carbon Neutrality Policies on Trade and Carbon Emissions in Korea," KDI-WB Green Growth Seminar Session 4, Feb. 28.

OECD(2019), *Taxing Energy Use 2019: Using Taxes for Climate Action*, OECD Publishing, Paris(https://doi.org/10.1787/e9778969-en).

______(2021), *Effective Carbon Rates 2021: Pricing Carbon Emissions through Taxes and Emissions Trading*, OECD Publishing, Paris(https://doi.org/10.1787/0e8e24f5-en).

______(2022), *Pricing Greenhouse Gas Emissions: Turning Climate Targets into Climate Action*, OECD Series on Carbon Pricing and Energy Taxation, OECD Publishing, Paris(https://doi.org/10.1787/058ca239-en).

______(2023), *Effective Carbon Rates 2023: Pricing Greenhouse Gas Emissions through Taxes and Emissions Trading*, OECD Series on Carbon Pricing and Energy Taxation, OECD Publishing, Paris(https://doi.org/10.1787/b84d5b36-en).

Parry, Ian et al.(2021), "Carbon Pricing: What Role for Border Carbon Adjustments?," IMF STAFF CLIMATE NOTE, 2021/004.

UNCTAD(United Nations Conference on Trade And Development)(2021), *A Eurepean Union Carbon Border Adjustment Mechanism: Implications for developing countries.*

World Bank(2023), *State and Trends of Carbon Pricing 2023*, Washington, DC: World Bank(http://hdl.handle.net/10986/39796 License: CC BY 3.0 IGO).

______(2024), *State and Trends of Carbon Pricing 2024*, Washington, DC: World Bank(http://hdl.handle.net/10986/39796 License: CC BY 3.0 IGO).

공정거래위원회(https://www.ftc.go.kr/callPop.do?url=/jargonSearchView.do?key=451&dicseq=515&titl=UNCTAD).

국가기상위성센터(https://nmsc.kma.go.kr/homepage/html/base/cmm/selectPage.do?page=static.satllite.greenHouseGasTab).

국가법령정보센터(http://www.law.go.kr/법령/에너지법시행규칙).

국립기상과학원(http://www.nims.go.kr/?sub_num=849).

기상청(https://www.kma.go.kr/kids/231.jsp).
기상청 날씨누리(https://www.weather.go.kr/w/obs-climate/climate/climate-change/climate-change-impact.do).
법률신문(https://m.lawtimes.co.kr/Content/LawFirm-NewsLetter?serial=181908).
외교부(https://www.mofa.go.kr/www/wpge/m_20150/contents.do; https://www.mofa.go.kr/www/brd/m_20152/view.do?seq=365390&srchFr=&srchTo=&srchWord=&multi_itm_seq=0&itm_seq_1=0&itm_seq_2=0&company_cd=&company_nm=&page=3; https://www.mofa.go.kr/www/brd/m_3893/view.do?seq=294223&srchFr=&amp%3BsrchTo=&amp%3BsrchWord=&amp%3BsrchTp=&amp%3Bmulti_itm_seq=0&amp%3Bitm_seq_1=0&amp%3Bitm_seq_2=0&amp%3Bcompany_cd=&amp%3Bcompany_nm=).
위키백과(https://ko.wikipedia.org/wiki/노란_조끼_운동).
의안정보시스템(https://likms.assembly.go.kr/bill/main.do).
중앙일보(https://www.joongang.co.kr/article/13641082).
탄소중립 정책포털(https://www.gihoo.or.kr/board.es?mid=a30300000000&bid=0004&act=view&list_no=498tag=).
한국수력원자력(https://www.khnp.co.kr/main/contents.do?key=247).
한국에너지공단(https://offset.energy.or.kr/offsetsystem/offsetsystem_list.do; https://www.energy.or.kr/front/conts/105003001001000.do; https://offset.energy.or.kr/offsetsystem/summary.do).
ENlighten(https://enlighten.kr/insight/policy-issue/10200?utm_source=enlighten&utm_medium=insight&utm_campaign=contents _230628).
European Commission(https://climate.ec.europa.eu/eu-action/eu-emissions-trading-system-eu-ets/ets2-buildings-road-transport-and-additional-sectors_en; https://climate.ec.europa.eu/eu-action/eu-emissions-trading-system-eu-ets/what-eu-ets_en; https://ec.europa.eu/info/law/better-regulation/have-your-say/initiatives/12265-2030-Climate-Target-Plan_en).
ICAP(International Carbon Action Partnership)(https://icapcarbonaction.com/en/ets-prices).

KDI 경제정보센터(https://eiec.kdi.re.kr/material/conceptList.do?depth01=00002000010000100003; https://eiec.kdi.re.kr/material/conceptList.do?depth01=0000200001000010000011&idx=157).

KOTRA 해외시장뉴스(https://dream.kotra.or.kr/kotranews/cms/news/actionKotraBoardDetail.do?SITE_NO=3&MENU_ID=90&CONTENTS_NO=1&bbsSn=244&pNttSn=193447).

KRX 배출권 시장 정보플랫폼(https://ets.krx.co.kr/contents/ETS/07/07010000/ETS07010000.jsp).

NET ZERO TRACKER(https://zerotracker.net/).

SOVAC(https://socialvalueconnect.com/contents/1308.do).

Wall Street Journal(https://www.wsj.com/articles/economists-statement-on-carbon-dividends-11547682910).

World Bank(https://carbonpricingdashboard.worldbank.org/compliance/instrument-detail).

찾아보기